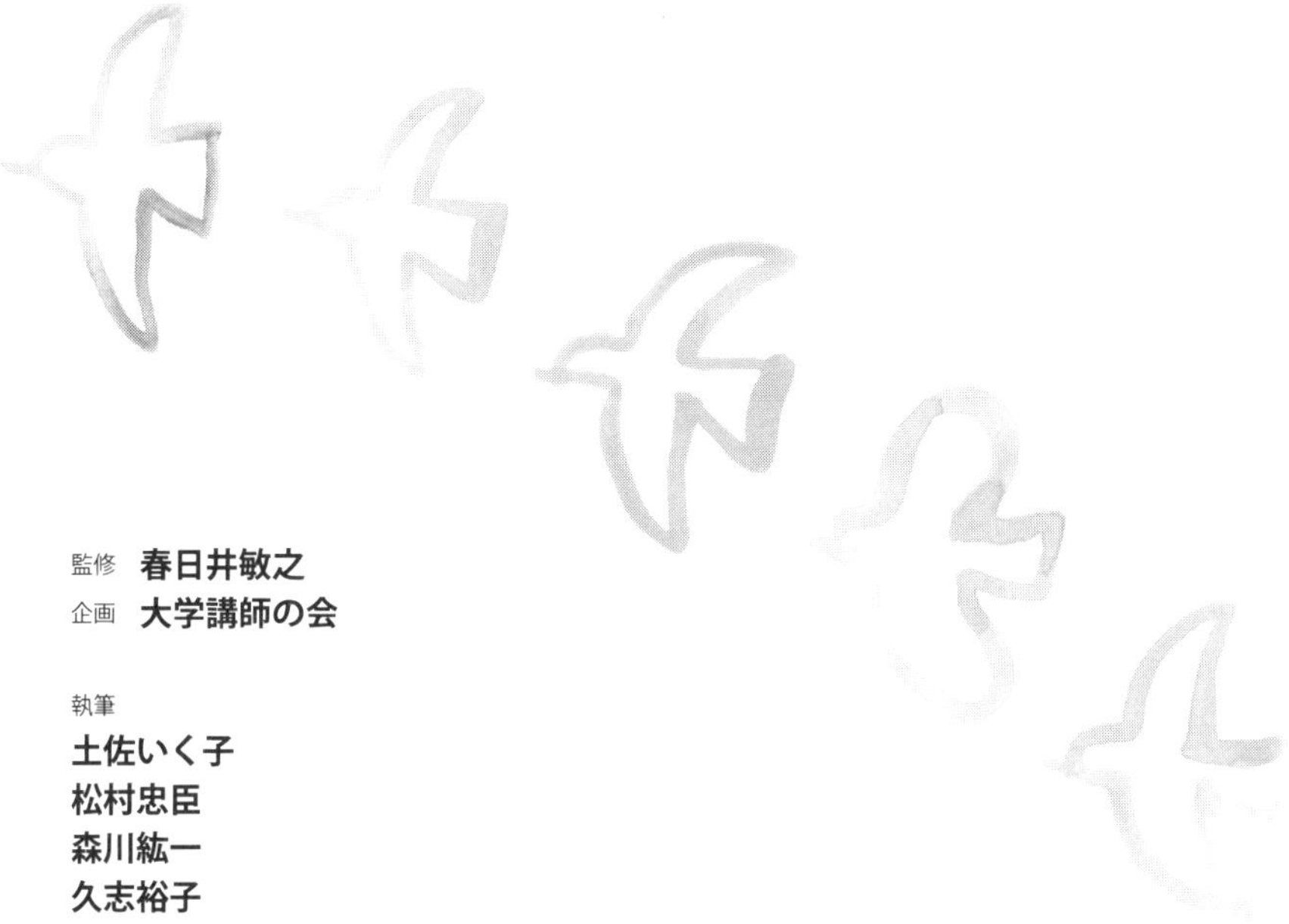

監修　春日井敏之
企画　大学講師の会

執筆
土佐いく子
松村忠臣
森川紘一
久志裕子
金子光夫
小部　修
木村久男

明日の教師とともに学ぶ

せせらぎ出版

学生の自己形成と教育実践研究――「大学講師の会」への期待

立命館大学　春日井　敏之

学生の自己形成を支援する教育実践

２００８年、大阪の小学校、中学校、高校での長い勤務経験を活かして、近畿一円の大学で講師などとして、主に教職課程の科目を担当している教員によって、「大学講師の会」が設立されました。以来、毎月１回、大学における教育実践などを報告しあい、研究・交流が蓄積されてきました。その成果の一端が、本書には込められています。「大学講師の会」の設立と教育実践の研究・交流は、国内で初めての試みと思われますが、同時にその蓄積を出版するという企画自体も初めての試みです。

私は、「大学講師の会」代表の森川紘一先生からお話を伺い、あとがきに記されているような今回の企画の意図に共感し、何度か先生方の原稿も読ませていただきコメントなどをお伝えしながら、取り組みに参画する機会を得ました。

７名の執筆者は、小学校、中学校と勤務校の違いもあり、当然個性的な教育実践のスタイルを有しています。その一方で、学生と向き合う姿勢や教育実践の軸にしていることなどについて、共通点がいくつかあります。違いや共通点も含めた持ち味が、教育実践を通して論じられていることも、本書の特徴、意義であると考えています。執筆者、および教育実践の共通点について、いくつか気がついた点を述べてみます。

一つには、小学校、中学校の教師時代から、一人でがんばるのではなく、民間の研究会、サークルなどに積極的に参加し、教育実践をまとめ、失敗も含めて報告し検討しあうといった協働の経験を蓄積してきていることです。

二つには、こうした経験を土台にして、現代の教育情勢をふまえ、学生実態を丁寧に把握しようとする姿勢があることです。そのうえで、担当者の個性を生かした教育実践が展開され、その目的、内容、方法、結果、考察などについて、独自の切り口から論じる試みがなされているのです。

三つには、研究と並び大学の果たす重要な役割である教育のあり方について、講義通信、模擬授業、グループワーク、授業コメント、綴り方など、担当者の持ち味と経験を活かした双方向型、学生参加型の授業の工夫を通して、実践的な提起がされていることです。

四つには、こうした授業を通して、学生たちが社会への目を広げながら自分たちの考えを率直に表明していると同時に、現在や過去の自分自身について振り返り、綴り、語りあう居場所や人間関係が構築されていることです。教育実践を通して青年期にある学生を理解し、抱える課題やそこに広がる可能性、希望を共有していく方法が提起されているのです。

五つには、小学校、中学校、高校の児童生徒の作文などを教材として読みあう授業の工夫や正課と課外を越えたところでの交流会「カヨウ会」、「ビオトープ遊びの里山」、「子どもの権利条約」などの教育実践を通して、在学生・卒業生なども含めて、青年たちをつなげていこうとしていることです。

六つには、青年をつなげていくという教育実践は、高校までの「比較と競争の偏差値教育」のなかで傷つき、孤立感や自己否定感を強くもちながら入学してきた学生たちにとって、そこから脱却し、自分の人生の主人公になっていくための自己を形成していく場になっていることです。
七つには、その時に、授業担当者自身の存在が、学生にとっては、教師、および人間としての生き方、あり方や他者とのかかわり方を考える際に、一つのロールモデルとなっているということです。それは、教員自身が学生の意見や批判を聴き取り、真摯に学ぼうとする姿勢をもっているからこそ成り立ちうるのです。

このように考えてみると、本書はこれまでの小学校、中学校、高校などにおける実践をふまえつつも、その延長に留まらない広がりと深まりを提示していると考えています。それは、時代のあり方や教育情勢、生活環境の影響などについても論じながら、小学校から大学、社会人にいたるまで、子ども・青年を連続する成長の主体としてとらえ、その指導や支援のあり方が論じられているからです。同時に、大学における教育実践、教員養成のあり方に焦点を当ててみると、学生と教員との関係づくり、学生同志の関係づくり、双方向型、学生参加型の授業方法の工夫など、大学教育にかかわるすべての教員、職員にとって大変刺激的で参考になる試みが論じられています。さらに、実践報告に留まらない教育現場に立脚した教育実践研究のあり方について、今後の課題も含めて論じている点に意義があると考えています。そのための重要な切り口もいくつか提起されていますが、たとえば、教育実践で共通して語られていることに、「つながって学び生きる」というキーワードがあります。

社会とつながって自分を生きる

私は、「つながって生きる力」について、次のように考えています。一方では、先行き不透明で変化の激しい時代に適応していくために、企業、学校、社会では、効率性を追求し、生き残りをかけた比較と競争に拍車がかけられてきました。ここで求められる「生きる力」は、競争を勝ち抜くための力です。教員や保護者も、比較と競争から決して無縁ではなく、子どものためによかれと思いながら、自らも結果にこだわり、子どもたちを追い立て、追い詰め、その結果「孤立して生きる力」を求めているようなところはないでしょうか。そのとき、「自立」という言葉は、人に頼らない、弱音を吐かないといった文脈で使われ、孤立して生きるためのエンジンに使われているようにも思います。

もう一方では、先行き不透明で変化の激しい時代だからこそ、子どもたちは夢や希望が持ちにくかったり、荒れたり落ち込んだりすることも多いのです。ここで、私たちが大切にしたい「生きる力」は、お互いの弱みや強み、かけがえのない存在を認めあいながら、「つながって生きる力」ではないでしょうか。これは、子どもとの関係だけではなく、保護者、教員との関係でも大切にしたいことです。

では、子ども・青年たちはどんなときに、つながって生きていると実感することができるのでしょうか。そのためには、次の三つの人間関係が大切ではないかと考えています。一つには、誰かを助けてつながって生きるということです。二つには、誰かに助けてもらってつながって生きるということです。三つには、誰かと一緒に楽しいこと、やりたいことを目一杯してつながって生きるということです。気がついたら、そこにはがんばっている自分がいて、一緒にがんばった誰かが自然と友達になっているのです。

小学校高学年から中学校にかけての思春期は、保護者や教師などがよかれと思って敷いてくれたレールを一旦相対化し、自分が自分の人生の主人公になっていくことを模索し始める時期です。「自分は何がしたいのか」、「自分は何のために生きているのか」といった問いを抱き葛藤が生まれます。

さらに、高校から10代、20代にかけての青年期は、その延長線上で、社会とつながって自分を生きるための自己決定が求められる時期です。これは、自分を生きるという意味で自立性が課題となり、社会とつながって生きるという意味で協働性が課題となり、その統合は「働くこと、愛すること、社会参加すること」を通して図られていくのではないでしょうか。

本書が、学生の自己形成を支援する教育実践、社会とつながって自分を生きることについて考えあう教育実践、明日の教師を育て育ちあうための教育実践、大学における教員養成のあり方について一石を投じる教育実践、教育実践を対象化しその意義を発信していく教育実践研究のあり方などについて、議論を深めるきっかけとなることを願っています。そして、全国の大学で次の時代を担う教員養成、教育実践の展開につながっていくことを期待しています。

2014年6月

目次

●本文中の登場人物の名前はすべて仮名です

第1部　青年期の自己形成と支援

第1章

大学生が自己を綴り、それを読み合うことの意義
――自分を見つめながら明日の教育を考える

土佐　いく子

はじめに

私は、大学時代、クルプスカヤやマカレンコなどの集団論の研究をしていたのですが、日本の戦前からある生活綴方教育の中で、集団づくりが追求されてきたことを知り、たいへん興味を持っていました。

現場に出てすぐ「なにわ作文の会」という民間研究サークルの存在を知り足を運ぶようになり、以来今日まで44年間ここで学び続けています。

その作文教育が出番だと言われ、いや「本番だ」とも言われ、改めて見直され、実践されてきている今日です。

暮らしの中から、今これを書きたいということを自ら決め、自分の言葉で、自由な表現方法で綴った作文教育を自分の実践の核にすえて取り組んできました。

本当の暮らしが、真実の言葉で表現された作文が、教室で読まれると、教室は、言葉が染み込んでいくような真剣で静かな雰囲気になります。そして、「ぼくの父ちゃんも夕べは、夜中の二時に帰ってきてね…」とわが暮らしを語り始めるのです。子どもの暮らしは、厳しいけれど、「ふんふんわかるわ、いっしょやで」と心を傾けて聴いてくれる先生と仲間がいる。それだけで、どんなにか生きやすくなるかと実感している今日なのです。

子どもたちは書くことで、自分や友だち、家族をみつめ、自然や社会にも目を向けながらそこに心寄せ認

料金受取人払郵便

大阪北局
承　認

2297

差出有効期間
2016年９月
17日まで

（切手不要）

郵便はがき

５３０-８７９０

180

大阪市北区天満２丁目１－19
高島ビル２Ｆ

せせらぎ出版　行

（受取人）

お名前（ふりがな）	（男・女）（　　歳）		
ご住所	〒　（お電話　　　　）		
メールアドレス		ご職業	
お買上書店名	市町村　書店		小社から直接

愛読者カード

ご購読ありがとうございました。まことにお手数ですがご記入のうえ、ご返送ください。今後の出版企画の参考にさせていただくとともに、新刊案内などをお送りさせていただきます。

書名　明日の教師とともに学ぶ

●本書をどこでお知りになりましたか

1．書店の店頭で見て
2．紹介記事・書評等を見て（紙・誌名　　　　　　　　　　）
3．新聞・雑誌の広告を見て（紙・誌名　　　　　　　　　　）
4．人にすすめられて
5．インターネットで
6．その他（　　　　　　　　　　　　　　　　　　　　　　）

●本書のご感想をおきかせください

●今後の出版企画について、ご希望をおきかせください

＊いただいたご感想は、新聞・広告・ホームページ等で匿名で掲載させていただくことがございます。あらかじめご了承ください。

識を深め、自分という人間を形成していくのです。そして、それが、学級で読み合われることで、友だちを理解し、仲間としての共感の輪を広げながら人を信頼する人間として育ち合っていくのです。

先生方は、今、子どもがわからなくなった、かわいくない、もう辞めたい……とつぶやきます。そんな先生方が、子どもの表現にふれて子ども発見をし、子どもってやっぱりかわいいと生活の中からみつめ直し、元気を取り戻しているのです。

生活を綴り、読み合うことは、生きる力を励まし、生きる希望を育み合う仕事なのです。そんな仕事を積み重ねて、大学にやってきたのでした。

ところで、私は現在大学で「子ども論」「教師論」「授業論」「集団論」、さらには今日的課題である「父母との連携」等々、学生の学びたい要求を大切にしながら講義を組んでいます。

こうした講義の一コマで、生活綴方教育の歴史や意義について学んでほしいとは思っていましたが、よもや大学生相手に綴方実践をしようなどとは思ってもみなかったのです。

ところがです。出会いの自己紹介カードから「先生、私の話を聴いてほしい」、とりわけ「負の感情を受け止めてほしいという心の声が聞こえてきて、少々面くらってしまったのです。さらには、「私はここにいますよ」というサインも見えてきて、そういう意味では、小中学生と同じなんだと思わされました。

その出会いから、私は、学生の声に耳を傾けよう、そして、学生自らが自己を見つめ、語り、綴るいとなみを大事にしながら授業を組んでいこうと考えたのです。

本稿では、その取り組みの中から見えてきた学生の姿を紹介しながら、学生が綴ることの意味、それをみんなの中で読み合う意義について述べていきたいと思います。

一　出会い——私のことを知ってほしい

出会いの日、私は、自分の自己紹介やシラバス、講義をする自分の願い、期待などを書いた講義通信と、小学生の作文をいくつか用意して出かけました。

自己紹介では、家族や趣味、自分の研究分野だけではなく、自分の子ども時代のことや大学時代のことや弱点・失敗談なども語りました。ぐうっと身体を前に向け、食い入るように聞いてくれた目が、印象的でした。その後、子どもの作文を少し読んで、小学校での実践の一端を語りました。

そして、最後に自己紹介カードを渡して、「きみたちのことをいろいろ教えてほしい。２００人を超える学生とていねいなおつき合いができず本当に申しわけないけど、少しでもみんなのことを知って人間づき合いができたらうれしい」と話しました。

そして同時に「今日の教育問題で関心のあること」「この講義に期待したいことや要望などあれば何でも自由にどうぞ」という欄もつけました。

そして、「きみたちが学びたい教育問題をできるだけ取りあげながらいっしょに授業を創っていきたい」と語りかけました。

さらに、「この中には、教師にはならないという人もいるでしょうね。いいんですよ。自分をみつめ、問い直していく時間になれば、私は、この大学に来た甲斐があります。私もまだ学びの途上にあり、おおいに君たちからも吸収したいし、私の悩みを聞いていただく時もあるかと思いますからよろしくね」

書き上がった学生から提出です。

私は、その自己紹介カードを机の上にポンと置かないで、今日は、一人ひとりと顔を合わせたいので、私の手にくださいと頼みました。２００人を超える学生ですから、一人くらいは、ポンと置いていくかと思いきや、一人残らず私の手に渡してくれ、「私、先生と同郷です。よろしく」とか、息子がシンガーソングライターをしていると話したので「息子さんどんな歌うたってるんですか、ぼくも路上ライブやっているんですよ」とか「いつもグリーン系の服を着て、あのへんに座っていますからよろしく」とか一声かけ笑顔を向けてくれるのです。しかし中には、目を合わさない学生もいるので、そういう人は、きっちり名前はメモしておいて今後ていねいにかかわっていこうと考えます。

この誠実で真面目な対応は、喜んでいいのだろうか。一人くらい「さっさとしてくれないと腹減ってるから机に置いとくで」という学生がいてもいいのに……。

「先生、私ここにいます、目をかけてくださいね」という声が聞こえてきそうな出会いで、可愛いもんだと一人笑ってしまいました

ところが、その自己紹介カードを読んで笑っていられなくなりました。

○　二浪してこの大学へ来たけど、いまだに友達には言えず、わだかまっている自分がいる。
○　なんで大学に来たのか、二年たってもますますわからなくなって……でもちょっと講義おもしろそうなのでがんばって来ます。
○　学費のことで悩んでいて、奨学金制度について一番関心があります。ちなみに朝方までバイトの日もあるので、寝たらすみません。
○　私は、学校とか先生とかに不信感を持ってきて、教職課程とるって変ですけど、リベンジかも。
○　グループ活動が苦手です。人とどんなふうに会話したらいいか……。

と出会いの日から自分を語り始める学生たちでした。

出会いの日からなぜ生徒たちはこんなことを書いたのでしょうか。

○　この講義の第一印象は、『楽しい』でした。授業中、あと何分と時計をみることのない時間でした。私は、今まで大学の先生には、かなり距離を感じていて、教壇の上と下には壁があると思ったりしていました。でも、この授業では、先生が素を出して、私たちと対等につき合ってくださっている感じで、すごく話しやすく、悩みとかも聞いてもらいたいと思って、実際、この前は、話も聴いていただいて、すごくラクになりました。

この学生の感想からわかるように、決して私がすばらしい講義をしたからではなく、「先生が素を出して私たちと対等につき合ってくださっている感じですごく話しやすくて……」ということなのでしょう。話しやすいお母さんかおばちゃんみたいな存在だったので

しょうか。

こちらが心開いて素を出さずして学生の素は引き出せないでしょう。と同時に私自身は学生に「教える」というより、ともに学び、授業をいっしょに創り、お互い人間づき合いが深まればと願っているからかもしれません。

二　子ども理解を
――自分の生き方を問い直しながら

私は、今日の教育現場をみる時、もっともカギになることの一つが、「今日の子どもをどう理解するか」ということではないかと考えています。そんな思いで、講義の中でも「子ども理解」を重視して取りあげています。

机上の論で子どもを語るのではなく、具体的な事実、具体的な子どもの表現から、リアルな子どもを語り、理解するとはどういうことなのかを実践的にも学んでほしいと願っているのです。

そこで、子どもたちの作文を読みました。

自分から手などあげることのない恥ずかしがりのかおるくんは、カメに夢中です。書いてくれたからこそ知ったかおるくんの生活です。（元気とのん気は、カメの名前）

元気とのん気の運動会

3年　杉本かおる

前から元気とのん気の運動会がやりたいと思っていました。そして、やっとやりました。

さい初にかけっこをやりました。その時、のん気が、もうダッシュ！　元気はあまり動かず、そのままじいっとしていました。それでのん気の勝ち！

二回戦を始めたとき、二ひきともダッシュをしました。でも、いきなりのん気がぎゃくに走り出しました。そのまま元気がゴールして、二回戦元気の方が勝ちました。

その次に重さくらべで、元気の勝ち！

その次軽さくらべで、のん気の勝ち！

かわいさくらべで、引き分け！
よって、し合は、同点になりました。その後おなかもすいてそうやし、エサをやりました。

勝ち組負け組の時代にあって、大好きなカメに優劣をつけないこの豊かな発想！　子どものすばらしさにはっとします。

　こんな作文を読むと、子どものかわいらしさに「胸がジーンとなる」と言ってくれます。

　自分の子ども心に久々に出会ったようで、懐しく、しかも自分の再発見をして新鮮な水を飲んだような表情をしてくれる学生たちです。

3年　まさし

前の日よう日、夜の10時ぐらいになったら赤ちゃんが泣いてこまった。それでミルクの作り方がわからんかったから、だっこをして、一時間かかって、やっとねた。
けど、つかれてふとんに入ったら、また泣きそうになって、トントンしてやった。
しんどかったです。

10時になっても仕事から帰らぬ両親を待ちながら、三年生の子が八ヵ月の弟の面倒をみている暮らしが、ここにあります。

「一人で弟の世話ようがんばったなあ。えらかったよ。まあちゃん、しんどかったね」と思わず抱いてやりたいです。

　そして、こんな日記を教室で読むと、友だちがまあちゃんの暮らしを知って、共感してくれるのです。

　師走の頃、よくケンカをするまあちゃんを見て、友だちが言うのです。「お歳暮でおばちゃん忙しいから、まあちゃん淋しいんやで。ほんでストレス解消にケンカしてるんや」

　友だちの笑顔に支えられて、今日も元気に学校に来ていたまあちゃんです。

おかあさんのこと

４年　上山　勝美

わたしのお母さんは、少し体が弱いです。

今日のばんでも、

「目がくらくらして、天井がまわって、目がもうてるわ。」

といって、お母さんは、ねころんでいました。

するとお父さんが、

「おけしょうとってあげるから、おけしょうをとるクリームどのクリームや。」

といったので、お母さんは、

「そのむらさき色のふたのクリームや。」

といいました。

すると、お父さんが、クリームをとって、お母さんの顔にあらっぽくつけて、顔をこすりました。

わたしも、お母さんのほっぺたを、こすりました。

そして、お母さんは、起きました。

そしたら、お父さんが、ハンカチで、顔のクリームをとりました。

お父さんはじょうだんで
「今度生まれかわる時は、もっといいお金もちと、けっこんしいや。」

といいました。

すると、お母さんは、ちょっぴりだけなきました。

わたしもちょっぴりないてしまいました。


こんな日記や作文を読んだ時も、一人の男子学生がこのような感想を書いてくれました。

○　大学の講義を聞いて、涙が出たなんて初めてのことでした。実は、ぼくも母子家庭で育ち、母が一人、三つも四つも仕事をしながら、ぼくを育ててくれました。僕は今日、母のことを思い出して、〝ホンマありがとう〟って涙が出ました。
　僕は大学の奨学金制度に関心を持っています。あまり仕送りもなく、必死でバイトしていますが、このまま大学続けていけるか不安です。先生の授業受けると母と会ってるような気持ちになって、ほっとして、時々寝てすみません。バイトは、きついです。…

泣けてきます。ほんとによくがんばっています。今の大学生は…なんて言わせません。

明日

中学3年　香織

中学三年　香織
階段を上る。
ドアを開ける。
制服をハンガーにかける。
電気を消す。
布団に入る。
フゥッとため息をつく。
今日が終わった。
私は今日何をしたんだろう。
思い出せない
毎日、毎日、何かにおわれている。
明日何が起こるのだろう。
不安でたまらなくなる。
それでも
朝は来る。
この気持ちが
私の心から消えるのはいつだろう。

この詩を読んだ時の感想です。

○勉強がわからないわけじゃない。友達もいる。けど毎日毎日機械的に繰り返されるだけの日々が大きらい。でも何かいつもとちがうことが起こるのが不安でしんどかった。

自分を演じることも共感。素の自分を出しても演じていると思われるのがこわい。電車で気をつかいながら友達といる時間がものすごくしんどい。先生の授業では、共感することがありすぎて困ります

（笑）。心の中を読まれてるみたい（笑）。（佳代）

○　下宿生活がスタートしてからずっと、この詩で書かれたとおりの生活を送っていると思いました。「この気持ちが、私の心から消えるのはいつだろう」本当に共感します。

なれない一人暮らしに不安ばかりですが、希望を思い出してがんばろうと思っています。（裕樹）

○　教師になりたくてこの講義を受けているはずなのに、〝自分のこと〟として受けて、心が軽くなっています。

慣れない大学生活、人間関係に悩んでつかれているという状況が、とてもしんどいからだと思います。

いろいろ痛みを体験しながら成長していく子も（自分も含めて）教えるというよりは、共感して見守ってあげたいと思うようになりました。

私自身中一、二と不登校の経験があります。

また一度聴いてほしいです。（由香）

このように学生たちは、子どもの表現にふれて、自分を語り始めたのです。

「先生、私の話、ぼくの話も聴いてください」と語りかけてきます。

なかなか人が信頼できない、自分がきらいだ、友だちづき合いがとてもむずかしいと悩んでいて深い傷も負って、今を生きている学生たちです。だからこそ求めているのでしょう。

由香さんは、「いろいろ痛みを体験しながら成長していく子どもを（自分も含めて）教えるというよりは、共感して見守ってあげたいと思うようになりました」と書いていますが、田中孝彦著『子ども理解と自己理解』の中で、大江健三郎氏の講演記録を引用して論を展開しています。

子どもの語りを聴いていると、私たち自身の小さい頃の情景が浮かぶことがあるでしょう。

子ども理解を深めるというのは、子どもを理解しようとするおとなが自分の子ども時代を想い起し、生育史をふりかえることでもあるのですね。そこには傷ついたり傷つけたりした、想い出したくないできごともある。しかし、それを避けて、手っ取り早く子どもを理解できる方法はないと思いますね。

自分の心のなかに子どもを住まわせて、その子どもの目線から、自分を含めたおとなの生き方を問い直していく……。これは、大江健三郎さんの講演記録『表現された子ども』（『図書』１９７５年９月号、岩波書店）のなかで語られていることですが……。

まさにこのことだと確かめることができました。

学生たちが、子どもを理解するためには、私自身が学生たちが誰にも言えずに抱えてきた胸の内の聴き役になることだと思いました。長年取り組んできた生活綴方実践の精神そのままです。語り綴り、読み合い、子どもの心の声に耳をすまし、子ども理解を深めてきた仕事そのものなのでした。

三　通信を読み合う中で広がる安心感とつながり

小学校に勤務していた時、毎日学級通信を発行し続けてきました。だからと言って、大学に来てまでやろうなどと思ってもいませんでした。ところがです。毎回の授業の後に書いてもらう感想や意見、質問を読んで考えが変わりました。

「ぼっち席」などという一人で昼食をとるコーナーが流行しているという今日の大学ですが、本当はつながりたいのにつながれなくて孤独感にさいなまれていたり、人を信頼できないと苦しんでいたりする今です。この一人ひとりの学生の想いを私一人が読んでいてはもったいない、学生同士が読み合えたら……どんなにか共感も反発もし、友だちを理解し合えることができるではないかと書かずにはいられなくて、思わずペンを走らせたのです。するとどうでしょうか。学生たちの関心は、驚くほどで、配るなり、食い入るように読むのです。私が声を出して読みます。２００人を超える講義室は、実に静かです。あの小学校での教室のように、柔らかくあたたかい空気が流れ出して、週に一回しか会わない学生たちなのに、まるで毎日一緒にいるような親近感が湧き出してくるから驚きです。

○　この授業に来ると、いつも顔しか知らない人でも、仲間のように感じるから不思議です。その人の考えていることを知って、何かつながれたような気がします。あの人が、いじめで死にたいような苦しみを背おってきたなど、『まじょレター』（通信の名前）がなかったら知ることはできませんでした。

○一人ひとりの感想や意見をていねいに読んでくれたことで、学生一人ひとりを受け入れてくれてる感じがして、大人数にも関わらず、この教室には、私の居場所があるように感じました。

通信の威力に驚きです。

通信には、毎回、いろいろな詩を載せて声に出して読みます。詩には美しい日本語で、人間の生きてる姿がえがかれていて、ことばの芸術として結晶しているからです。初めは、恥ずかしそうに小さな声で読んでいましたが、どんどんのってきてくれて、楽しんで読み、声が出るようになりました。私とかけ合いで読んだり、グループごとに読んだりと爽やかな時間です。

これからの人生のどこかで、ふと口ずさんだり、思い出して心あたためてくれる詩に一つでも出会ってくれたらと願っています。

そして、私自身のことも書きます。自分の一週間の中での経験やその中で考え、感じたこと、時には悩んだり落ち込んだことも書いて学生に聞いてもらいます。一人の人間として学生たちに接したいからです。

なにしろ２００人を超える学生を半年間で登場させるわけですから、一回に3～4枚書いています。その多くは、学生たちの意見や感想です。時には、「生きている意味がわからなくて、不安だ」という感想があると、それに対して、たくさんの学生がまた自分の思いや考えを書いてくれるのです。つまり通信が、交流の広場みたいになっています。

○今生きてることを大事にしたいね。私も同じことで悩んできたけど、やっとこの頃そう思っています。人生の終わり頃に、生きてる意味とか見えてくるんじゃないかなと。だから、もうそんなことを考えないで、今のことを一生懸命考えようって。

うんうん、なるほどなあ……と私も学ばせてもらっています。

「あこがれの先生と出会う」という授業をした時、さおりさんは、こんなことを書きました。

○小6の時、父の体調がよくなくて、学校に行かずに病院へ見舞へ行っていた時期がありました。その時、担任の先生は、私の気持ちを考えてくれたのか、何も言わずに「休んでいいよ」って言ってくれました。そして、私の父が死んだとき、GWであったにもかかわらず、葬式に来て下さったのです。先生は私を見ると手をにぎって「大丈夫よ。気が落ちつくまで、ゆっくり休んでね」と言ってくださいました。私はその一言にとても助けられた気がします。

忌引がおわってから学校へ行っても、前と変わらずに接してくれたときは、本当に嬉しかったです。私も生徒につらいことがあったときには、このときの先生みたいに落ちつかせてあげるような支え方をしてあげたいと思いました。

これを通信で読んだ友達のなつ子さんは、早速こんな感想を書いてくれました。

○さおりさんの話が心に響きました。私は普段11人で一緒にいます。さおりさんもその中の一人です。お父さんが亡くなっているのは薄々気づいていましたが、本人からは何も聞いたことはありませんでした。私が泣くのはおかしいと思いますが、さおりさんが前に立って言っている間、涙が止まりませんでした。

さおりがピアノが大好きで放課後ピアノを弾きに行っているのも知っています。その背景には先生との出会いがあったことも初めて知りました。まだまだ友達の知らないことが多いなと思いました。もっともっと知って行きたいです。

それを読んださおりさんはまた書きます。

○友だちが自分のことを思って泣いてくれるなんて、嬉しくて、泣きたくなりました。こういう機会をつみかさねるごとに心が強くなれるんです。私はあまり人に言えなかったけど、人に言ったらきっと助けてくれる。この経験を子どもに伝えたいと思います。自分の弱さを見せていいって教えてあげたいです。学級崩壊も子どもたちはもっと先生について知りたいのに知れない。自分の弱さを見せられない。この積み重ねで起こるのではないだろうか。先生が弱さを見せてあげたら、もっと子どもが弱さを見せやすくなるのではないかな、と思います。

命の大切さについて教えるときは、私の経験を伝えようと思えるようになりました。「人が目の前で死ぬ」どんなに一瞬で怖かったか。これを伝えると、子どもでもきっとわかってくれると思っています。

いい友だちをもった私は、とても幸せです。

こうした声を通信で紹介し、読み合う中で「授業で人と人がつながる」ってまさにこのことだと大学の授業でも実感しているのです。

そして、最後に質問コーナーがあります。毎回どっさりあって、対応に苦慮することもありますが、できるだけ誠実にと思い言葉を返しています。個別の質問の時は、けっこうまめですから、一人ひとりに手紙にして届けています。文献や資料を紹介して、それを読むようアドバイスもします。

「私は弱い人間です。どうしたら先生みたいに強くなれますか」という質問までありました。

「私はね、強そうに見えるけど、本当は、あかんたれ。いっぱいまわりの方に助けてもらって生きてるのよ。強くならないとあかんかな？　いいじゃないの、自分の弱さを愛おしんだら…」と言うだけですが、何人かの学生が涙を浮かべる今日なんですね。

大阪の教育条例や慰安婦発言、原発問題など政治的なことへの質問もあります。そういうことにまだ関心の薄い学生が多い状況なので、これはいい機会だと、きちんと話をしたり資料提供をしたりしています。

こうした通信活動がていねいにできるのは、非常勤講師で、担当している講義数が少ないからできることなのでしょう。

しかし、この通信活動を通して見えてきた学生の願いや求めていることにこたえていく仕事が、今日の大学に問われているのではと思っています。

ほんとうは自分を表現したい、そして、私の想いに共感してほしい、わかり合いたい、つながり合いたいという学生たちの願いは非常に強く、それが充たされる大学生活を望んでいるのです。

学生たちが、「まじょレター」をまねて、自分たちで通信を書いてきたりもします。

「サブレター」を書いてきたサブローくんは、ミュージシャンを夢みています。毎時間一番前に座り、私の言葉を食い入るように聞いてノートをとり、一番心に残った言葉から自分の浮かんできた言葉をエッセーのように書いています。なんと、最終日には、「スナオニナレルバショ」という曲を作り、ギター片手に大きな講堂のような教室で、歌ってくれたのです。「スナオニナレルバショ」それは、この教室、「一番大切な事は、見捨てない眼差しを忘れない事、それがはじまり」学級崩壊問題で、私が語ったことばです。

スナオニナレルバショ

サブロー

素直になれずに君が　もしどこかでため息つくなら
ここへ来て　心のままに　その想い　吐き出せば
また同じセリフだ　君の口から出たのは
色の付いた「ありがとう」じゃなく
色の落ちた「すいません」
そんな君の胸に　落ちたいくつもの詩は
君の心　彩り　その胸の中　一つ優しさ刻む
「うまく話そう」そんな事じゃなく　大切なことは
語りたい事が　あるかどうかさ
魔法のような言葉に　君すら忘れていた自分が
顔を出す
そしていつかの　思い出が　解けてく
そこに流れる涙は　あの時　君が堪えていたもの

素直になれるよ　きっとこの場所で
子どもの頃なんて　鉛筆と紙があれば
真っすぐな心　そのまま　ありのまま
何も曲げずに描けたのに
そう、例えなくても　この世のすべてがドラマさ
主人公は君で　誰を責めるも　何かに気付くも
君しだい
自分の中の　ホンマモンだけを　ぶつけ合えたら
ニセモノの自分を　砕けるのに
魔法のような言葉に　君すら知らなかった自分が
顔を出す
そしていつかの　過ちも　糧になる
たとえ、描いてたものと　今眺める景色は違っても
やさしくなれるよ　きっとこの場所で
「人は、信じ合えない」と誰かは言うが
魔法使いは僕にこうつぶやいた
「一番大切な事は　見捨てない眼差しを忘れない事
それがはじまり」
素直になれずに君が　もしどこかでため息つくなら
ここへ来て　心のままに　その想い　吐き出せば

魔法のような言葉に　君の心が音を鳴らして
生まれるよ　新しい歌　君はその　歌い手さ
気付いてるはずさ　君も
そこには理屈なんていらない
素直になれるよ　きっとこの場所で
繋がる　響きあう　スナオニナレルバショ

今の若者に感服です。大学に寄せていただいて、本当によかったと実感したことでした。

人を少しでも理解し、人とつながり合いたい――「死ぬまで一人。死んでも一人」とインターネットに書き込んで、自殺という名の他殺をした青年の事件に心が痛みます。

本当は、つながり合い、わかり合いたいという若者の心の声をこうした通信活動を通じて改めて確かめさせてもらっています。

○　この講義は、毎回先生の心のこもった手書きのレジュメや資料や『大学通信』がもらえて、受講

生どうしの意見や考えが交流できて二百人をこえる人で、広い教室いっぱいなのに、なんか通じ合ってる仲間みたいに思えて、この時間は、ほっとしました。友だちができてよかったよ、先生。

四　学生の自己表現の意義
——私らも作文書きたい

講義の初めには、毎回講義通信を読みます。はじめは「仮名で」と言っていた学生が、しだいに実名で載せてもよいというふうに変わってきます（ただし内容にもよるが）。

なぜなのでしょうか。自分の書いたことに共感の輪が広がって「いっしょだよ、わかるわ」という反応が返ってくると安心感が生まれます。実名で載るとその人への共感や理解が深まりつながりができていくのです。二回ほどほかの研修と重なり欠席した学生が久々に出て来た時、「前よりもっとなんか一つのクラスみたいな空気感ができていて、みんなの表情が柔らかくなっているのにびっくりしました」と鋭い感想を聞かせてくれたりもしました。

そうなっていくと、もっと深いつながりを求めるのでしょうか。飲み会や忘年会をしようと呼びかけてくれる学生たちが出てきて、集まりの場を作ってくれ一層関係性が深まっていくようです。

と同時に、この講義をともに受けている人たちになら、先生になら、もっと自分のことを語りたいと思ってくれたのでしょうか、「先生、自分が一番書きたいことを自由に作文を書くという時間をとってくれませんか」という要望が数人から出てきました。

十五回しかない講義で、一回その時間にあてたらやらなきゃならない予定もあるし、書きたくない学生もいるだろうし……ととまどったり、悩んだりもしましたが、学生に問いかけてみたら、やりたいと言います。ただし書かない自由も認めます。書くことを強制してはならないからです。書くことをみつけておく時間も保障します。いきなり来週では、思いもふくらみません。読まないでという文章は、読まないことを約束します。先生にだけ読んでほしいという文章は、私と二人の間で話をしたり返事をていねいに書きます。

読んでもよいという作文は、講義の初めに紹介したり、それを読み合ってグループ討議することもあります。全員のものは、紹介しきれないので、一生懸命書いてくれた学生の生きている証ですから、しっかり両手で受け止めて返事を書いて一人ひとりに返却します。

好きな祖父を亡くして6年、なのに一滴の涙も出ない私、自分って冷たい人間なのか、こんな人間が教育の担い手なんてできるのかと綴ってきます。仮名で読みました。読み終わったのち、「書けてすっきりしたね。この文章、今晩、おじいちゃんの仏前にまつってあげるといいね」と言うと、思わず「ウゥーッ」と泣き出した彰ちゃん、仮名なのにみんなにバレて、もういいや実名でと、また感想を書いてくれました。

「今日初めて祖父のことを思って泣けました、六年間たまっていたものが、すっと晴れた気がします」

書くことで自分を振り返ります。言葉に替えるプロセスで自分の過去や今、そこにある自分の感情のありかをみつめ直し、向き合い直していきます。自己発見や自己確認もします。

そして、この学生のように言葉にして吐き出したことで心を解き放っているのです。今まさにこのことに大きな意味を感じているのです。自分のなかで仕切り直しをして、顔をあげて明日に向かって歩いていく力をたくわえていくようです。

リストカットしている男子学生の詩も何編か読みました。読み終わったとき「リストカットって、死ぬためじゃなくて生きるためにするのよね」と言っただけなのに、その男子学生は、すっと立ち上がって、「ぼくです」とカミングアウトしたのです。「みんなが真剣に聞いてくれている空気がうれしかったです。ぼくは、そうやって必死に生きています」と。そうしたらリストカットの経験者が、あとからそっとまた話をし始めるのです。この男子学生は、その後、二重人格の人をテーマにした、かなり長い小説を書いてきました。みんなに読んでほしかったのでしょう。１００人分印刷、製本して、背表紙もつけて、みんなに配りました。

いじめを受けて、何度も死のうと思った経験を書いて来る学生もいます。（いじめ問題の学習の時に）その時の親の辛さ、乗り越えるまでの苦労も見えて、私は、その女子学生のお母様にも手紙を書いたのです。なんとていねいな文字で綿々と綴られた長い返事が返ってきました。大学に入った傷ついた娘をまだ心配もしていたのでしょう。やっと乗り越えていけそうだと涙の跡の残る手紙でした。今彼女は、演劇に情熱を燃やし、いくつもの外国語を学び、元気に歩き出しています。

こんな男子学生もいます。「先生に聞いてほしい話がある」と言ってきたのです。昼食でもいっしょにとりながら話そうか、と声をかけました。恥ずかしそうに、ためらいながら、とつとつと胸の中から言葉を吐き出すように語り始めました。

いじめを受けて苦しんできたのです。いえ、辛かったのに加害者にもなってきた、と言います。そんな自分が許せなくて「ぼくなんかに、先生になる資格はあるでしょうか……」と。誠実な学生でした。

翌日、便りが届きました。

今日は、いろいろと話を聞いてくださり、本当にありがとうございました。いじめの話は、今まで誰にも話したこともなかったですし、話すことができずにいました。というのも、いろいろされてきたことが本当にいやだったことと、自分が今度は加害者になって、みんなといっしょになっていじめてしまったことに対するうしろめたさ、恥ずかしさから言い出せなかったのです。しかし、言い出せないがゆえに、とても辛くもありました。

誰かに言いたかった、誰かに相談したかったです。ずっとそのことで悩み続けていたとき、先生と出会いました。先生の講義を聞いていると、子どもたちと向き合い、悩み、葛藤しながらやってこられたということが、ひしひしと伝わってきて、自分が素直になれました。

そして、今日時間をとって話を聞いていただけて、とても楽になりました。話を聞いてもらえるだけで、気持ちが楽になると言いますが、本当に楽になりました。

先生がかけてくださった言葉の一つひとつがとても優しく心に残っています。先生が言われた通り、ぼくは一種のストレス発散対象だったのかもしれません。

小学校の頃、無視や悪口ですんでいたのが、中学校になってもっとひどくなりました。物を隠され、水をかけられ、制服のセーターが黒板消しではたかれ汚されたりもしました、真っ白になるまで……。その時は言葉を失いました。親がこれを見たらなんて思うやろ…と思うと、なんとも言えない気持ちになったのを昨日のことのように覚えています。（…中略…）この3年間ほど辛いものはなかったと思います。学校へ行く足が重く、学校へ行くのが本当に辛かったです。保健室へ仮病をつかって逃げ込みましたが、親にバレて叱られ、ぼくの逃げ場はなくなってしまいました。

なのに、いじめの対象がぼくじゃなくなった時、ぼくもいじめに混ざってしまったことを今すごく後悔していて、こんなぼくは教師になる資格があるのか、いえ、なったとしても何と子どもたちに言えばいいのか…とずっと悩んできました。

しかし、今日、先生が『そういうことを悩んできたことが誠実だ、その経験はきっと役に立ち、あなたを先生にしてくれる』と言ってもらえて胸のつっかえが取れました。

ぼくは、すばらしい教師にはなれないかもしれません。しかし、先生のように生徒と向き合い、生徒をしっかりみて、いっしょに悩んであげられる教師になりたいです。

今日話を聞いていただき、ぼくはこのままでいいんだと思えましたし、自分をもっと大切にしたいと思いました。本当に助けていただきました……。

本当に誠実に生きている青年です。昼食を食べながら話を聴き、少しばかり声をかけただけなのに「助けてもらえた」「自分を大切にしたい」と言ってくれるのです。

しかし今、子どもたちも青年たちも、「心から話を聴いて」ということを切実に願っているのだと改めて実感したことでした。そうすることで、自分の中で折り合いをつけて、一歩前へ進んでいけるようです。この学生も今、外国へ留学し、まもなく帰国し教育実習に行くようです。大阪の教員になるのだと、あの大阪の「教育条例」にも自分の意見を持ち、世界に広がった目が輝いています。

ある、学生の文章です。

○ 私にとって子どもでいることは苦行のようなものでした。小学校では、テストで１００点とるため、中学では、内申をとるため、高校では大学合格のため通っていました。いつも元気で明るく、がんばるまじめな自分でなくてはと脅迫観念にとらわれたような子ども時代でした。とにかく早く大人になって解放されたかった。（中略）院生になって受けた先生の授業、私のような思いをする子を少しでも減らすには、学校に〝カギ〟があるのではと思い始めています。

学生たちは、今までなぜこんなに胸の内を誰にも語らずに、いえ語れずに来たのでしょうか。

学生たちは言います。

「受験受験できたから、じっくり自分をみつめるとか、そんな余裕なかったです」

「失敗とか悩んでることとかは、言えなかったですね。いつも『よい子』『がんばる子』と期待され、明るく前向きな自分を演じてきたと思います」と言います。

「友だちとかにも言いたくても、何か相手に迷惑かけるかなと思って言えませんでした。しかも、胸の内を話をして、誰かに言われたらと不安になり、やっぱりどこか友達が信用できなかったんでしょうね」

「親も忙しくしてるし、心配かけたくなかったから言えませんでした。いじめられて死にたくなった時でも、こんなみじめな自分を知られたくなかったから、やっぱり言えませんでした」と言うのです。

さらにこんな理由もあると言います。

それは、子どもの自由にのびのび本音を書いた作文を読んであげると、自分も話がしたくなったと言います。自分たちは、「作文と言っても、自由にありのまま本当のことを書くのではなく、題も決められ、書き方も枚数も決められ、先生の評価を気にしながら、文章を作って書いていた」と言います。

「こんなに自由に、自分の言葉で正直に書いていていいのなら、書きたいことがいっぱいあります。先生、大学で作文書かせてください」

そう言って、次々と学生たちが、これまで言えなかった胸の内を作文に書いてきたのでした。

それに話のしやすそうな先生で、この人は、ぼくを裏切らないと思えそうな安心感があったからだと言うのです。いいえ、非常勤の先生で、常に横にはいないから、かえって安心して書けたということもあるでしょう。

私自身はと言えば、あまりに重い話に衝撃を受けて、どう受け止めればいいのか頭を抱え、専門家に相談をしたこともありました。

同じ時代を生きている息子にも意見を求めました。涙を浮かべて読み終わった後、

「おかんが何か言うてあげようなんて思わんでいいで。この人書けてよかったし、おかんが本気で読んだってわかったらええんちがうか」なるほどと心を落ちつけたこともありました。

小学校の教室のように、じっくり一人と向き合える状況にもなければ、週一回の授業では、その学生を丸ごととらえることもできないので、それこそ限界のあるいとなみではありました。

だから、かける言葉が、これでよかったのかととまどうこともたびたびありました。

一人ひとりの学生の表現物をていねいにとりあげるなども不可能なことで、こんなに本気に書いてくれたのに申しわけないと思うこともしばしばでした。せめてもの気持ちで、長い手紙を一人ひとりに届けたりもしていますが、これとて、一人よがりになってはいないかといまだに思っています。

こんな限界や課題を抱えた取り組みではありましたが、以下のような学生の感想に励まされもしてきました。

○ この講義を通して、子どものことだけでなく、実は、自分自身をふり返って、みつめ、いろいろ考えて、自分の心も知れた気がします。今日の先生の言葉で驚かされたことは、『教育といういとなみを通して、自分という人間を知っていく、そして、自分もまた子どもとともに育っていく』でした。私は、まだまだ自分のことを知りえていない。この大学生活で、自分を知り発見をしながら、将来の教師のことを真剣に考えていこうと思っています。

学生たちは、こうして自分をみつめ、ふり返り、自分って何?と問いながら、自分を表現するのです。いえ表現したいのです。聴いてほしいのです。そして、表現する中で、自分への肯定感、自己理解と他者理解、ひいては人間への信頼感を自らの内にふくらませようとしているようです。

そして、このいとなみをくぐって今日の教育・子ども理解を深めているのです。

五　生活綴方教育の自主ゼミ　——学んだことが現場で力に

ある大学では、学生たちの要望で、生活綴方教育の自主ゼミを開催しています。

拙著をテキストに、毎回学生がレポートを書き、問題提起をしてくれ、学びを深めています。自分の子ども時代の作文を持って来て読み合うこともあれば、ここでも書きたい作文を書いて、語り合うこともします。子どもの作文をどう読むかという「作品研究」を大切にして、子ども理解と重ねて論議します。

この自主ゼミで学んだ学生たちは、ほとんど教師になっていきます。従って、この学生たちとは、卒業後も連絡を取り合い、作文のサークルにやって来て、今も共同研究を続けているのです。いえ来るだけでなく、事務局に入って中心になって活躍している人も何人もいれば、例会、合宿研究会、日本作文の会の全国大会で、レポート報告をしてくれる卒業生もたくさんいて力強いことです。大学でともに学んだ学生たちが卒業して、今日出番だと言われている作文教育の実践の担い手になり、戦前からの生活綴方教育のバントを受けとって、歴史を前へ進めてくれていることを思うと、教育の明日に希望を感じます。

おわりに――まとめと課題

世間一般では、いえ大学の先生からも「近頃の学生は」……とかなり否定的な評価がされることが多い今日です。そうでしょうか。私は、五年間学生たちと関わってきて、おっとどっこい、今の学生たちをバカにしちゃいけないよ！と言いたいのです。

この生きにくい時代を、そうです、大学を出ても働く仕事もない、どうして生きていけばいいのかと不安を抱えながら、悩みもがきながらも、人とのつながりを求め、必死に生きている学生たちです。懸命な姿に出会って、こちらがはっとすることもたびたびありました。

その胸の思いを誰かに聴いてもらいたい、受け止めてほしいと求め続けているのです。

「刃物を枕元において、いつでも死ねると思わなければ生きてこれなかった」と何十枚もの文章に、これまで生きてきたことを綴ってきた学生に、かける言葉も見つかりませんでした。それでも書けてよかったなあと思うのです。言葉にして吐き出せたのです。ショックなでき事に出会ってから二十年近く、一人の胸にしまい込んで、今日まで生きてきたのでしょう。きっと彼女は、少しずつ顔をあげて、歩き始めていることでしょう。

しかし、なにしろ週一回の講義を通してですから、しかも多人数の学生相手になにほどのことができるか、ささやかな取り組みですが、学生が発信してくれるものは大きく、なんとか受け止めていかねばと思うのです。今日の大学の教員養成のありように何らかの問いかけができたらと願っています。

ところで今日の教育現場は、実に厳しいです。私は講義の中でも「先生っていいよ」などと甘い話だけはしません。現場にいたからこそくぐってきた、見てきた厳しい現実もリアルに語ります。自分の失敗談、今も心が痛んでいるあの子のこと、あの親とのこと、同僚とのトラブルも語ります。こうしたら上手くいくという小手先の手練手管を語ったりはしません。自分自身が、子どもに学び保護者に励まされ、いえ人生の先輩として学ばせてもらい、同僚に助けられ、そしてサークルに足を運び、学び続けてきたからなんとか乗り切ってこれたのだと語ります。その中で、自分もまた育てられ成長させてもらったことを思うと、やはり教師の仕事にはロマンがあるのです。

教師を管理し、教育の自由を奪う嵐が吹いた時代も経験してきました。弱虫の自分が、それでも子どもを守らなきゃと仲間とともに勇気を出して毅然と闘った話もします。教師には、時には、子どもを守るために勇気がいる時がある。それを支える学びと仲間がいるのだと熱く語ると、学生は身体を乗り出して聞いてくれます。決して過去の武勇伝ではなく、苦悩とともに教師として生きてきた話だから聞いてくれるのでしょう。

そして、今もあの時代以上の嵐が教育界に吹いています。きみたちは、教師としてどう生きていくのか――ここは、今日の学生たちに厳しく問いかけたいのです。

今生きている自分、そしてこれからの生き方を社会との関わりの中でとらえているのだろうか、また、自分の意志で社会とのかかわりを求め、その中で自己を形成していくという視点はどうなのだろうか。

と同時に、教師として生きていく時、教育の真理や真実を知ろうと思えば、社会との関わりぬきには見えてきません。20坪の教室の中しか見えない教師には、親の暮らしも子らの生活も見えてはきません。

小学二年生の子が、七夕のお願いに「大人になったらはたらけるしごとがありますように」と書くこの時代、そこにある親と子の心の声が聴けるだろうか。

今なぜ教育条例なの、学力テスト公表問題とは何なのか、自分たちの給料がなぜ上がらないの、自分の評価がどうして「C」になるのか。そして、子どもたちが、医療費がかかるからと病院にも行けなかった中学生の永久歯が何本も抜けたという、痛みで眠れぬ夜を幾晩越したかと思うと涙がでます。これってなぜなの……このなぜが見える教師に育っていってほしいのです。

集団作りの中での自治能力の形成について講義をし

ました。学生たちは「自分の意見や考えを聞いてくれ、それが学級作りや学校作り、学習のあり方を変えていけるって、そんな学校にしたいです」と真面目に感想を書いてくれます。

「ところで、みなさんは、自分の今いる大学で困っていることや不満があって、こんなことを変えてほしいと思うことはありませんか」と投げかけると、しばし堅い表情はしますが、「あるある」と言います。

教職関係の講義の組み方、サークルの設備等々に声が出てきます。「あなたたちは、その声を要求としてあげ、わが大学を変えていこうと何らかの行動を起こしていますか。自分自らが、自治について考えて、わがことととして行動してこそ、自分の生き方としてわがものになるのです」と熱く語ります。

中には、授業研究サークルを自主的に立ちあげ、主体的に学んでいる学生たちもいますが、自ら行動を起こしている学生は、そう多くないように思うのです。いや行動以前に、もっと批判精神を出して講義の内容などにもぶつかってきてほしいのです。「いい話でした。先生の言うとおりです」では、おもしろくないじゃないかとけしかけてみたりもしますが、全体としては、真面目で、おとなしいので、これでいいのだろうかと考えさせられてもいます。

私自身大学時代（70年代）、大学紛争の中で島田豊氏の『学問とはなにか』を読み、深く共感したことを思い出します。自分を探すことは、「私が生きている世界の歴史と私自身との関係のあり方から生まれる」そうなのです。自分とは何かを問いながら、親の生きてきた時代、そして、自分の生きてきた時代を社会的な目で見直し、社会とのかかわりの中で、自分という人間がどう作られてきたのかを深く考えさせられたのです。そして、「学問を自分とは何かという問いにみずから答える営みの中に位置づけてみる必要がある」という件は、学問のあり方、学ぶとは何かを自分自身に鋭く問いかけてきました。点をとるための勉強ではなく、自分をみつめ、明日からの生き方を求めていく本物の学び、社会に目を向けながら学問のおもしろさに目が開かれた日々の瑞々しい感動は、今日の自分を支えているのです。大学での学びとは何かが今日問われているように思います。

と同時に、今日の大学生が、信頼に値する大きな可能性を持ち、この生きにくい時代を実にけなげに誠実に生きようとしている姿にふれ、明日への希望を感じているのです。

○この講義を受けて、自分の中の教師像がガラッと変わり、自分自身の考え方も変わり、なんとなく向いているかも…と思っていた教師ですが、今では、確実に、教師に真剣になっていこうと思えるようになりました。そして、何よりも子どもって、ほんとうにすごい、あんな小さな身体で、こんな生きにくい時代を一生懸命生きている。そのことがこの講義で、一番感じたことです。子どもの作文やその子の暮らしの話を聞いて、何回も泣けました。でも、その時、先生は、その子どもの話を生き生きと語ってくださってその姿もまた私は、なんか感動しました。これから4年間の学び、自分に何ができるか、何をしたいかを示唆してくださってありがとうございました。（亜弥）

今、教師になった彼女から私の方が多くを学ばせてもらっています。

第2章

学生とともに「学ぶこと・生きることの意味」を考える

松村　忠臣

はじめに

私は「子どもの権利条約」にかかわって20数年になります。現職時代からこの活動にかかわりながら、定年退職後も「子どもの権利条約」の実行をすすめる国連NGO・DCI（Defence for Children International）の大阪セクションの立ちあげに参加してきました。このレポートは、退職後の5年間、大学で「社会科・公民科教育法」や「人権教育論」の非常勤講師を務めた経験、それをとおして関りのあった学生たちとすすめた、DCIの活動から学んだことをまとめたものです。

私は、現職時代は大阪府内の公立中学校の社会科の教師をしていました。大学生とは直接かかわりがなかったこともあって、世に言う「ニート」などの言葉は知っていても、現代の学生についての深い理解はありませんでした。しかしながら、大学の非常勤講師としての活動のなかで、学生たちはけっして「ニート」などではなく、政治や社会、経済の実態から、それを生み出す背景や本質に触れ、それに驚き、さらに疑問をもって、学ぶことの意味、自らの生き方を模索し、社会のありようを真摯に考えようとする姿勢をもっていることを実感できるようになりました。

通常、大学を卒業して教職を定年まで勤めると38年になりますが、私の場合、その3分の2は、教職員組合の専従役員（離籍専従を含む）として活動してきました。その内容は、教育研究全国集会の開催をはじめ、政府・文部科学省の政策分析、子どもと教育を守り発展させるための政策提言、国連子どもの権利委員会への「基礎報告書」作成など、教育・文化関係の仕事が中心でした。

この活動のなかで、子どもの権利を基本にした学校づくり、教科指導、特別活動、「登校拒否・不登校」の克服のとりくみなど、子どもの願いや意見を受け止めて、子どもの成長・発達を援助するという、先進的な数多くの実践に出会うことができました。

こうした実践に触れるたびに、「私は教職員組合の役員をするため教員になったのだろうか？　悔いはないものの、もう一度子どもたちに直接かかわって新たな視点から教育という営みに参加してみたい」という思いが、心の隅にありました。

それは、「子どもを権利行使の主体者」とし、管理主義教育を克服し、「子どもの権利条約」12条が規定する「意見表明権」のもつ意味を自ら確かめ深めることでした。

その思いを大学の授業にとりくむことで、課題は残しながらも、少しは接近することができたと思っています。

一　授業で大切にしてきたこと

小・中・高校生は、家庭や地域、社会、文化、さらにはこの国の教育施策など、子どもを取り巻く情勢に大きな影響を受けて育ちます。当然ながら大学生も、生まれ育った環境や小・中・高校までの教育歴、さらにその時代の社会・経済状況、政府の教育施策がもたらす矛盾を背負って生きています。

授業だけでは、学生一人ひとりに深く関わり、理解をすることは困難です。私たち非常勤講師はゼミや研究室がありません。そのため、授業の準備とともに、学生たちと率直に語り学ぶ場をつくりたいと考えていました。

授業の進め方も最初は手探りでしたが、社会科教育法に関する文献や高校公民科教科書、政治・経済に関する資料に目を通しながら、準備をすすめてきました。

予想はしていたものの、驚いたのは、かなりの学生が高校で習得しているはずの政治・経済についての基礎知識や教養が、身についていないことでした。しかしながら、今日の日本における暗記中心の受験教育の結果であって、学生の高校までの教育歴を知るにつけ、学生自身の「自己責任」にすることは正しくないこともわかってきました。

そのため、私が授業で大切にしたことは、次の点です。

１　「何をなぜ学ぶのか」という教材論の重視

社会科教育法の授業は、「どう教えるのか」という方法論に陥りがちです。模擬授業を中心に授業をすすめたことがありますが、ほとんどの学生が「受験学力」を基本にした設問を中心とした学習指導案でした。

１つめはこうしたことから「社会科・公民科教育法」の授業を、「学習指導案」のつくり方や模擬授業にせばめるのでなく、「何をなぜ学ぶのか」をいう「教材論」を重視して、授業に取り組んできました。教材の解釈、教材選択に必要な視点などに時間をとり、今日の政治・経済のしくみとその歴史ついての理解を重視し、新聞記事、雑誌や書籍などの関連する文章を自ら読み取り、それを意見発表や文章で表現するという、基本的な視点です。

「日本国憲法のもつ理想の実現は、教育の力にまつ」とした１９４７年教育基本法第１条で、教育の目的を「人格の完成」と「平和的な国家及び社会の形成者」の育成にあるとし、18条では、「良識のある公民たるに必要な政治的教養は、教育上これを重視しなければならない」と規定しています。

これは１９８５年の「ユネスコ学習権宣言」がいう、今日の政治・経済・社会の実態から出発し、「なされるがままの客体」でなく「自らの歴史を綴り創造する主体者」の形成にもつながるものです。

また、授業の教材は学生の興味や関心、学ぶ喜びや疑問に応えるものであること、さらに人間が登場し、ストーリー性があること、などを重視しました。

２　授業コメントの活用と学生との対話

２つめは、毎回授業コメントをとって、学生の授業の感想や疑問、意見を大切にし、今日の学生理解に努めることです。「これは」と思う感想、意見や質問を授業の冒頭に紹介したり、「講義通信」を発行して意見の交流をはかりました。また場合によっては、授業終了後の対話に留意しました。

とりわけ、授業コメントは、学生が授業をどのようにうけとめたか、教材への意見や感想、私の授業の課題や問題点を理解する上で重要な意味をもつものになったと考えています。

３　授業以外で学生と学ぶ

３つめは、学生たちに可能なかぎり声をかけ今日の学生理解につとめたことです。また、課外の学習の機会をつくりました。さらに子どもの権利条約の学習とその実行をすすめるＤＣＩの活動への参加を学生たちに呼びかけました。

二　自らの教育歴をふり返り、学びや生き方を問い直す

２つめと３つめは、「今日の学生の実態」を理解するうえで役立ちました。

しかし、授業と違って課外に、一定の人数の学生が共通の時間と空間をもつことは、容易なことではありません。授業やアルバイトで学生の時間確保が困難な条件のもとで、大学の教室や喫茶店などで学習の機会を持ちました。この場での討論や交流のなかで私が実感したことは、多くの学生たちが、時代と社会、そして生い立ちがうみだす〝負の遺産〟を抱えていること、そこから新たな学びの問い直し、自己形成を図る可能性を持っていることでした。

ある「有名高」を卒業した原田さんは、教員志望です。彼女は「高校３年の最後に激しい受験競争に〝息切れ〟しましたが、何とか卒業できました。しかし自分の希望する大学受験に失敗し、〝ひきこもり状態〟を経て、この大学に入学したのです。成績は優秀でしたから「特待生」にもなりました。

この女子学生は、「なぜ教師をめざすのか考えてみよう」という意見発表の場で、「自分が経験したような、子どもたちの生き辛さやつまずきを理解し、共感できる教師になりたい」と語りました。「有名大学」

卒の兄と比べられていたと言います。そのせいか、コンプレックスをもって、「大学生活は、下を向いたままの出発となった」と自らの心情まで語ってくれました。

この学生は教員採用試験に最初は失敗しましたが、登校拒否や「ひきこもり」の若者たちを支援するボランティア活動しながら、教職の採用試験の準備をすすめて、2年目には合格することができました。

山下君は、中学時代、社会科の授業でいつも質問や発言するなど積極的な生徒でした。質問や意見が「ピントがずれた」ものでも、社会科担任の先生はていねいに答えて、「君が率直な意見を言ってくれるからこの授業は深まる」と励ましてくれたといいます。その結果、社会科が大好きになりました。学ぶことが楽しくなった学生は、「底辺校」といわれる高校を卒業後、仕送りなしで奨学金と学童保育の指導員やコンビニなどのアルバイトで4年間がんばり通しました。この学生も学ぶということの意味を真剣に考え、社会を見つめ、人とつながって生きることの大切さを学び、自主的な学習会に他大学の学生にも呼びかけるという重要な役割をはたしました。学問をする志をもちながら、今は卒業して派遣労働をしています。

後藤君は、中学に入学して間もなく不登校になりました。「学校の水道水や給食などが、不潔に思えた」と言います。そのため彼は、中学・高校教育はほとんど受けていません。高校卒業の年齢になった彼が、家でテレビを観ている時、「えひめ丸」事件を知りました。愛媛県立宇和島水産高校の生徒がマグロ漁船に乗り込み太平洋上で実習していたところを、アメリカの原子力潜水艦が衝突して10数名の若者の尊い命が奪われた事件です。

彼は当時の日本の総理大臣（森喜朗）が、その事件発生時にゴルフをしていたという事実を知り、政治家に大きな怒りを覚えました。「これから生きようとする何人もの若者が尊い命を失うという一大事に、日本の総理大臣がゴルフをしていたというのは何事……日本社会はまちがっている」と思ったといいます。

どうしてこんな国になったのか、もう一度勉強したいと決意し、大学入学資格検定（現 高等学校卒業程度認定試験）を受けてこの大学に入学しました。そこで、自分が経験したような登校拒否に関る教師か、臨床心理士を希望して、大学院に入り、臨床心理の研究をしています。

学生たちが語る内容に、これまで私が考えていた学生像と大きく異なることがわかってきました。私にとっては、学生たちが、それまでの「偏差値教育」から、学ぶことの意味や、学びの質について問い直し、新たな学び——学習観の転換を求めていることがわかり、私にとって学生観の大きな転換になったのです。

三　広く社会に目を向ける——沖縄旅行、「いじめ・体罰」問題の学習

学生の提案でＤＣＩに参加している9名で沖縄旅行をすることになりました。

沖縄国際大学の私の友人の協力を得て、「世界一危険な基地」と言われている普天間基地と、太平洋戦争中傷病兵と住民の防空壕となった糸数壕、南部戦跡、ひめゆりの塔を巡って、基地移転反対の座り込みをしている辺野古を訪れました。

事前に3回ほど学習はしましたが、どうしても避けて通ることのでない現代社会のさまざまな課題を、主体的に受けとめて、それと向き合いながら、自分の頭で考え自分で判断する力をもってほしい、という思いで企画したものです。

また、沖縄国際大学の学生たちと基地問題についての意見交換、「米軍地位協定」に関する現地学生の模擬授業の実践などの経験を学び、学生の交流が深められたようで、今後も交流をしようということになりました。

こうした授業や課外のＤＣＩなどの活動から、青年・学生の大きな可能性を実感することができました。

さらに、ＤＣＩ大阪セクションが主催した「いじめ・体罰」問題の学習会、研究会に青年・学生が参加することで、討論に、深みや広がりなどができたことも大きなことでした。子どもの権利に関する学習会や研究会で青年が参加し、発言することで内容が豊かになり、おとなの若者理解が深められるものです。また青年自身もそうした経験に自信を深め、「大津市のい

じめ自殺事件」の学習に参加した学生が、私の授業終了後に呼びかけて報告会を開催しました。とりわけ教職志望の学生は、「いじめ」や「体罰」問題に深い関心をもっていることがわかりました。

四 「学び」の質と意味を問う

競争主義教育の影響を色濃く受けて、「学ぶこと」の意味がつかめず、自らへの確信をもてない状況から「学ぶ意味」を捉え直し、自ら主体者としての学習観を転換することは、青年期の人間形成にとってきわめて重要な課題です。

「偏差値を絶対とする」受験競争のなかで、「競争に勝つことが学習の目的」となっているため、「暗記するのが勉強」だと思い込んでいる学生は少なくありません。

模擬授業のとりくみ、この授業で「何をなぜ学ぶのか」、ということより、プリントに記された羅列的な言葉を「　」に穴埋めすることが中心になりがちです。いままでの経験から、それが授業だと思い込んでいる学生も少なくありません。学生の知識が、歴史的事象、今日の政治・経済をめぐる事象に関する本質的な理解には至らず、断片的知識の羅列となっていることを痛感しました。

講義名が「公民科教育法」と言いながら、学生に聞いてみると、高校で公民を履修しているのは２割にも達していません。ほとんどの知識は中学校時代のままで、それすら〝剥落〟し、曖昧なものに止まっています。

とくに重要なことは近現代史のなかで、日本がどのような歴史をたどって来たのか、日本資本主義の発展と日清・日露戦争からアジア太平洋戦争に至るまでの侵略戦争の「加害・被害・抵抗」の歴史認識はもちろん、歴史上の事実もしらない学生がかなりいます。さらに日本国憲法全文を読んだことのある学生はきわめて稀です。それを学生の自己責任に帰してしまうのではなく、競争主義の教育と、歴代の政府・文部科学省の教育課程行政にまで遡って、深い検討が求められます。

学生にとって、受験中心の競争主義教育を乗り越えて、学ぶことの意味を捉え直し、自ら生きる現実と向き合って、どのようにして新しい自己形成をはかるか、が問われています。そうしてこそ公民科の授業を組み立てることが可能となるのではないでしょうか。

講義では、そうしたことを重視したつもりです。「何を」（教材）、「どのように」（教授法）教えるか、さらに今日の子どもへの深い理解、この３つを構造として捉えることが中心的な課題です。

「何を学ぶのか」が重要であるかぎり、学ぶ内容への「指導者」として教材への深い理解がないかぎり、授業にはなりません。それは「どう教えるか」と一体に考えることを強調してきました。

当然のことですが、私が苦労して選択した教材には、学生も強い関心をしめしました。たとえば、資本主義のしくみと特徴、労働の実態と労働者の権利、環境問題では、「日本初の公害問題」といわれる足尾銅山鉱毒事件における田中正造の思想と行動、さらに水俣病を初めて教材化し社会問題化することに貢献した、熊本の中学校教師・田中祐一の「学習指導案」もとりあげました。リアリティのある題材と、できるだけ具体的な事例をあげて、文献、新聞記事などの資料収集につとめました。

最近は自衛隊やアメリカ軍のなかでセクハラが大きな問題になっています。あまり知られてはいませんが、北海道の航空自衛隊通信基地での女性自衛官に対するセクハラ・パワハラ訴訟に勝訴した事件も、司法と人権の学習で取りあげました。

授業コメントには、憲法９条についてのディベート、さらには日本経済の実態、働く者の権利などには、青年らしい新鮮な感動と驚き、学びへの意欲を述べています（資料１・３「社会科・公民科教育法講義通信」参照）。

とりわけ、「人権教育論」で取りあげた「大阪府教育基本条例案」の授業では、原文を読んで分析し批判する学生たちの力に驚きました（資料２「大阪府教育基本条例を考える」参照）。教職をめざす学生にとって、「大阪府教育基本条例」は避けることのできない重大な問題です。３時間の計画で、①条例（案）の内容を読み解く　②その問題点を整理する　③自分の意見をまとめ発表する――授業を進めました。

資料１

公民科教育法通信

大阪経済大学人間科学部

●発行：松村　忠臣

公民科教育法通信No.５　　2008年12月11日（木）

☆経済を学んで—

疑問や関心を大切にしたい

●金融のしくみに関心

資本主義経済のしくみを学んだことで、現在おかれている経済状況やその背景に興味をもつことにつながった。また、日本経済が資本主義として歩んできた過程も知ることができた。特に「金融のしくみ」がよく理解できた。日銀の役割や家庭を通じた金融の働き、国の財政政策などが理解できたのが良かった。と同時に何気なく見ている「株価」に関心をもつようになった。経済学部なので非常にプラスになったように思う。（S.K）

●実体のない商品が経済に影響

・「商業—」・「産業—」・「独占—」・「現代—」という資本主義の流れの中で、どの資本主義の区分も世の中は安定していないし、独占資本主義には大戦まで起こった。資本主義で我々は豊かになったけれど、その裏では大きな社会の変化の中で人や文化の犠牲があったことに複雑な思いがする。現在の労働の在り方も今の資本主義社会の大きな特徴だし、金融の在り方=実体の無い商品が実体経済に大きな影響を与えていることが、現在の資本主義社会の大きな問題だと思った。

（S.K）

●多くの問題を考えさせられた

資本主義経済は商業資本主義から進歩を続けてきたのに、インフレ、財政赤字、好不況の繰り返し等の多くの問題があるのが大きな特徴である。政府の介入をもってしても、これだけの問題が発生しているのは非常に悲しいことだ。今後を考えさせられるものであった。（T.G）

●もっと経済の学習したい

今まで経済のことに深く関心をもったことが、無かったが、この授業を受けて、経済のことを多く知ることができて、面白いと思った。特に資本主義の特徴や関与した人物などに興味を持った。また市場や株など、単語だけ聞けば難しいイメージがあるが、実は奥が深くて面白い。もっと知識を増やして経済の学習をしたいと思う。　（Y.T）

●経済は世界構造

アメリカ経済に頼っているから、リーマンブラザースが倒産しただけで絶大な影響を受けて、円相場に多大な支障をもたらした。結局、一国だけでは経済は成り立たず、世界構造になっていると思った。（K.I）

●物事への理解の大切さを痛感

この内容は経済学部の授業で一回やっているのに、それぞれの用語をうろ覚えでしかなくテストではほとんど答えることができなかった。自分では解っているつもりが、いざ書き出してみると難しかった。一度かじっているところなので興味や関心は持たなかったが、説明するには物事をほんまに理解しなければならないということを改めて知った。（A.U）

●金融危機に資本主義の問題が

自分自身の勉強不足で資本主義経済のしくみを十分には理解できていないけど、アメリカを中心とした金融危機に最も関心を持った。理由は、この金融危機から現在の資本主義経済の問題が感じ取られたからだ。アメリカに依存し頼りすぎた結果、アメリカが倒れると他の国も同様に倒れてしまう現状をもっと良く理解し、解決策を自分なりに考えてみたい。（H.M）

●金融を詳しく知りたい

中学の公民で資本主義について勉強した時は、利潤を最優先し会社が儲ける、というぐらいにしか思ってなくて、ただ言葉を知っているという程度だった。この授業で詳しく勉強していく中で、今まで知らなかった内容をたくさん知ることができた。いちばん興味をもったのは世界恐慌である。今アメリカのサブプライムローンをきっかけにした金融危機問題があるが、ニュースを見ているだけだと、あまり自分には関係ないのではないかと思っていたが、授業でそのことを勉強する中で、自分にとっても関係があることを実感した。これを機会に金融についてもっと詳しく知りたいと思う。（M.I）

●労働のことを深く学びたい

資本主義経済のしくみを学習して関心や興味を持ったのは、この世の中の仕事はすべて資本主義経済にあてはまるということです。資本家が資本を投下して労働力と生産手段を購入し、生産し利潤を得る点は、自分にはとても興味深く、今日の経済のしくみがわかりました。特に労働のところは、自分も将来は仕事をすることになるのでしっかり学びたい分野です。（H.H）

●もの造りを基盤にした経済を

何も生産せずに、投機だけで利益と損失が左右される経済は、時価によって総資産額が上下する。しかし株や投機の対象となっている商品自体は何の変化なく生産されたわけでも消費されたわけでもなく、コンピューターの折れ線グラフによって価格が変動する。誰かが売れば値下がりし、誰かが買えば値上がりする。結局は実体はない。そんな経済で成長してもそれは全てがバブルだと思う。物を造るということを基盤にした経済成長であるべきだ。（K.H）

■わたしの感想—松村

小テストの結果も大事ですが、もっと重要なことは、"何故？""このことをもっと勉強してみたいという"という疑問や新たな関心をもつことではないでしょうか。多くの人が資本主義のしくみに関心や疑問を書いています。これをその場限りの感想でなく、自らの課題として学習すれば、必ずそれは自分のものとして蓄積されます。一つでもよい。できるところから挑戦してみよう。

資料2

●大阪府教育基本条例案（「維新の会」）を考える･･･（「人権教育論」）

S・T

「教育には競争が不可欠」。これが「大阪府教育基本条例案」の根本的な考え方である。入学者の獲得競争で、三年連続定員割れの学校は統廃合。相対評価で二年連続最低ランクされた教員は退職。学校同士は「全国学力テスト」結果で順位を競う。これらを総括する教育目標は知事が決定する。これで教育が成り立つのだろうか。

その問題点をまとめてみたい。

第一は、学校を効率性だけで判断しようとしていることである。府立高校にはそれぞれの創立、地域の実態、それによって創られた歴史や伝統がある。それらを一切無視して経費や効率性だけで判断するのは教育という営みにはなじまない。

第二は、教職員の評価が相対評価となっていることだ。相対評価は必ず最低のランクを受ける者が出る。いくら努力しても評価が低ければモチベーションも下がるだろう。教師個人の人間性、資質、能力が最も問われる職業である。誰かと比較して評価することは無意味だ。

第三は、学力テストの正答率のみで競うことも、子どもの個々人の学力向上とはならないことである。そればかりか、これだけの学校評価で、ますます学校間競争が激しくのではないだろうか。

第四は、教育目標を知事が決定する問題である。これは学校の自治を歪め政治の直接介入を招く危険性がある。また、校長をマネージメントだけで可否判断するのはあまりにも無理がある。校長には教育学を身につけている人、子どもが好きであること、人として信頼できる人ではないだろうか。

この条例案を読んだとき非常に驚いた。教育がダメになる、学校がダメになる。大きなショックを受けた。条例案は、子どもに夢をもたせるような内容であってほしい。実際には、学校を企業にしてしまう内容である。教員評価も、校長ではなく授業を受けた子どもするのが良いと思う。校長の評価が低くても、実際は子どもから信頼される教師かもしれないだろう。なぜなら上司から見た教師と子どもから見た教師ではその見方が違うことが多いからだ。

●「人権教育論」を学んで

○人権教育が教育活動の全体にまたがるものであることに気がついていませんでした。しかし「わたしの夢」という障害をもつ子どもの作文から、「人権」を読み取ることができました。「ユネスコの学習権宣言」から「学習とは何ぞや」の問いの答えを得たように思います。教員になったら、これを生かしてみたいと思います。（H・S）

○学ぶということは、生きている実感が伝わってくるすばらしいことだと思いました。ただの暗記や計算する力でなく現実を学び、そこから見えてくるものや課題を考えることなんですね。生まれたときから体にハンディのある人は、学ぶことへの意欲が旺盛で、学ぶことの喜びを実感しています。学ぶから夢があり、夢があるから学ぶのだと思います。学ぶ、知ることが新たな発見をもたらし、自分の可能性がひろがり未来につながることがわかりました。（T・K）

このミニレポートを記したT君は2回生でしたが、鋭い的確な指摘をしています。

S君のように、「人権教育」を「差別」問題に収斂させるのでなく、人権を総体的なものとして捉え、それが今日の人間と社会のありようを考えることにつながったという、感想をもった学生もいました。さらにK君のように、学ぶことで「今」がわかり、人とつながることで「未来」が見えるような学びへの発見を記したコメントは、私も驚くほどでした。

五　高校生の「不安」――今を生きる若者の社会への問いかけ

大阪教職員組合が「主任手当ての拠出金」で創設した「大阪教育センター」が2006年に『大阪子ども調査』を行いました。この調査は、小2・小5・中2・高2（府内の公立学校、2200人）を対象に、ほぼ10年を機にこれまで3回にわたり実施されてきました。その結果には、家庭と学校教育状況はもちろん、社会・経済・政治状況が深い影が映しだされています。今回もその結果をまとめて普及版にしています（『21世紀を生きる子どもたちからのメッセージ』三学出版2010年）。

このなかで私がもっとも関心をもったのは、子どもたちの思いと高校生が抱く「不安」の内容でした。

子どもたちに「あなたが大人になったときに子どもに何をしてあげたいですか？」という問いに対し、1980年代は「大空の下でもっとのびのびと自由に遊ばせたい」などでした。90年代末から2000年代初頭にかけて、「お腹いっぱいご飯を食べさせてあげたい」が、自由記述の中にいくつも書かれています。明らかに「格差と貧困のひろがり」の反映です。

大阪は、中小零細企業がもっとも多く、生活保護の割合で大阪市は全国でもトップになっています。「教育扶助」受給者も大阪市の場合、50％、60％にも達している学校もあります。

「大阪子ども調査」の結果にしめされた、高校生が抱く「不安」（複数回答）で、一番多かったのは「卒業後の進路」です。大学生の就職率は下降し、高卒の内定率が悪化の一途を辿った時代でした。今回の調査では、「自分の進路は、どうなるのか?」という不安をもつ生徒が85・５％にも及んでいます。

その次に、「家計や生活費に対する不安」が70・４％です。父親の事業の倒産やリストラ、母親のパートの仕事はどうなるのかといったことです。その次は、「９・11」、アメリカのイラク攻撃もすでに起こっていた時期ですから、「戦争が起こるかもしれない」という不安が64・１％でした。ほぼ同率で、「自然環境の将来」という項目が続いています。もし、「３・11」以降ならこの「不安」はもっと増えていたかもしれません。

自由記述のなかで「大人は勝手だ。自分たちが生きている時に、自然環境をさんざん壊しておいて、それを私たちの世代に渡すのか」というものもありました。これらの「不安」は、今この国が直面している課題と重なっています。

それが、私は、子どもたちが、学ぶことの意味を問う、一つの重要な土台になるのではないか、と考えました。

「卒業後の進路に不安」を持つ者の80・２％が、「学ぶ意味のわかる」授業を求めています。これにはきわめて大きな意味があります。また、その内の７割近くが「生き方を学ぶ授業」を求めているのです。そして、全体としてアンケートに答えてくれた子どもたちは「学校が楽しい」と答えています。その理由をたずねると、高校生も含めて８割近くの子どもが「友だちがいるから」と答えています。

こういった回答から、中高生も含めて「人とのつながり」や「学ぶことの意味がわかる」ことが自己肯定感を育て、豊かな人間形成をする上で大きな意味をもつことがわかります。

〝自分は生きていていいんだ〟という感覚を持てる要因として、１つは、学び合いを通して勉強が理解できるということ。２つめは、皆から評価されて自分もまんざらではないと思えること。また、皆で力を合わせて一つのことをやり遂げて、それが皆から評価されたということ。３つめは、先生たちが自分たちの願いにきちんと向き合って、受けとめてくれたといったことなどです。

私は大学の講義をしたことで、高校生の「不安」や思いが、大学生にもつながっていることを確かめることができました。

こうした子ども・青年たちの疑問や不安、そして願いに応える学びこそ、教養や知識として実を結ぶものであることを痛感しました。

六　「感動」や「問いかけ」を豊かな学びと教養へ

資料３にある『公民科教育法通信』は、重要な課題について不定期で発行するのですが、憲法９条の問題でディベートを実施したときのものです。これは、学生の意思に関わらず、「なぜ憲法９条は守らなくてはならないのか」「９条はなぜ変えなければならないか」というどちらかの立場を機械的に決めて、そのなかからリーダーを選んで討論をすることにしました。

率直にいって、討論を成立させることは容易ではありません。質問や反論の論点整理ができず、言葉に詰まってしまって、うまくいったとは言えない状況もあります。とりわけ討論する力の形成が重要な課題です。自らの論点を明確にし、相手に正確に伝える、相手の意見をよく聞き、自分の意見とどこがちがうか、を判断し相手に伝える力です。

しかし、それを準備する過程のなかで、憲法のもつ意味を自分の力で発見した学生は少なくありません。たとえば、「講義通信」には、「９条は希少価値の高級ブランド」などと記されています。その反面、憲法のもつ意味が理解のないまま、「現実との乖離がないよう」「もう少しわかりやすく改正した方がよい」という学生もいます。

ある学生は、「改憲派」としてディベートに参加し、実際にも「憲法改正派」で、自衛隊を承認し、侵略戦争にならないように歯止めをかければよいと思っていました。しかし、「護憲派」には筋の通った意見がいくつもあり、太平洋戦争に至る日本の歴史と敗戦直後の憲法の制定過程、アメリカの世界戦略など、調べれば調べるほど、憲法９条の大切さをひしひしと感じたという感想を述べています。これらが、ディベートに取組むことで初めてわかったといった意見が文章に記されています。

資料３

2010年7月15日　　社会科・公民科講義通信

公民科教育法通信

大阪経済大学人間科学部
●発行：松村　忠臣

「憲法９条」ディベートを考える

思考を止めず、考え続けたい

改憲派の立場で自分なりに調べてきていたのですが、事前にグループ内である程度の方向性を決めておくべきあったと痛感しました。「改憲派」＝軍をもつ、「護憲派」＝軍否定という最もよく使われる構図に毒されていたので、今回のディベートの「改憲派」リーダーが「９条の矛盾」に論点をしぼっていたことは、わたしにとっては新鮮な見方であり衝撃的ですらありました。

日本人として日本の国の最高法規であるのに日本国憲法に触れる機会は、正直こうした授業以外ではほとんどなく、憲法によってこうして守られているという実感を伴うことは、勉強して初めて得られるものだと思いました。９条についての意見はどちらも決して「そうとは言い切れない」部分や「確かに」という部分があり、入り込むほどに難しい問題である思いました。しかしここで思考を止めてしまうのでなく、自分なりに考え続けていくことで、短絡的に「改正！」「反対！」を唱えず、反する意見にも耳を傾けていけるだろうと思います。

ディベート後のみなさんの顔がすがすがしかったのが、とても印象的です。（N・U）

9条は、希少価値の゛高級ブランド゛

今回、憲法９条についてディベートをしたわけだが、個人的にはすごく楽しませてもらった。賛成・反対派のグループ分けは機械的にされたので、最初、反対派になったときは苦労したが、今考えるとそれで良かったと思う。個人的には憲法「改正」に賛成派だった。（軍国主義にするとか、条文削除という意見ではなく、もう少し分りやすくすればいいのでは？という程度）。

なるほど今の憲法では、自衛隊の存在を考えると矛盾した点がいくつか見られるため、ディベートをする上では不利なのではないかと思っていた。しかし反対派にも筋の通る意見が幾つもあり、調べれば調べるほど憲法９条の重要さが、ひしひしと伝わってきた。憲法９条は世界で唯一のものであり、世界で唯一被爆を受けた日本だから持てる゛平和の象徴゛なのではないかと思う。いわば憲法の中でも希少価値の高い゛高級ブランド゛のような存在である。それは戦後制定されてから現在に至るまで一度も改憲していないという事実も大きく影響していると思う。（R・W）

◆　◆　◆

平和主義を守り、経済大国に

ディベートは嫌いではないので、楽しくできた。今日やった憲法問題は難しい問題だと思う。戦後６０年、今の憲法は一度も変化していない。やはり６０年という年月で社会は変化したのだから、憲法も準じて変化すべきだったのではないかと思う。ただ平和主義に関してはそうとも言えないと感じた。

矛盾を抱える憲法だが、この平和主義という憲法をもつことで、日本の立ち位置があるのも確かだと思う。ディベートで矛盾点を疲れると反論はかなり難しいのが現状であるが、戦後６０年で平和主義は日本に定着し、戦争もせず経済も成長してきた。争いがなく国の経済が成長するのは素晴らしいことだと思う。政治家の中には、軍を持つべきだという人々もいるが、発言の中に権力、武力をにぎりたいという本音がちらほらとうかがえる。６０年間武力を行使せず、成長することが出来たのだから、これからも平和主義を守り経済大国になることができるのではないかと思う。ディベートをしながら考えた。　（U・M）

無知な自分が恥ずかしい

全てがなるほどと思った。正直、憲法９条について「改正」「改正しない」など考えたこともなかった。日本の一国民として最低だと感じた。

ずっと今日の日のために筑紫哲也の「若き友人たちへ」という本を読んで備えてきた。その中に、日本は戦後、人を殺めたことがないということは書かれていた。まさかそれが論点の重要なポイントになるとは思ってもみなかった。確かに他国にとって、唯一の被爆国である日本は大きな存在に違いない。

また、自衛隊の矛盾は今まさに問題になっているようだ。気にしていなかったが、今回本気で勉強して、自衛隊なのに武器をもっている矛盾を指摘する人と、自衛隊そのものが矛盾する存在だという人と、同じグループ内でも足を引っ張るディベートも初めてでおもしろいと思った。

無知な自分が恥ずかしかった。（S・A）

●事実を確かめ、自らの頭を耕す―春学期を終えて

いよいよ春学期の授業も終わりです。この学期は、社会科・公民科教育法のなかで、主として政治分野の授業でした。政治の学習は大変難しいと言われます。それは、ややもすれば、憲法の建前の学習が中心になり、日本や世界の現実、国民の政治意識や生徒の疑問や関心が置き去りされる授業になりがちだからです。

わたしは、講義の中でも強調したように、政治のしくみに関する知識を憶えるのでなく、憲法の原則からみてこの国の政治はどうなっているか、どこに問題あるのか、何が課題なのかを考えることを重視してきました。

政治は自然科学のように答えがはっきりしない教科です。しかし自然科学のように、物事を正確に分析し、それを貫く原理はあります。これを探求し、自らのものにして欲しいものです。

これからも、自らの知識を耕していくことを心から願っています。学ぶによって、自らの頭が鍛えられ、自分がわかり未来が見えてくるのです。

松村　忠臣

さらに、ディベートに備えて、筑紫哲也の『若き友人たちへ』という著書を読み、そのなかに、「戦後日本は人を殺めたことがないと書かれており、それが今回の論点になると思わなかった」と書いていた学生もいました。「自分は無知だった」という感想は、ディベートにかぎらず、授業コメントでも書かれていました。

受講者は教職志望が多いのですが、まだ決めていない学生もいます。しかしそれにかかわりなく、憲法９条の意義を考え、自らの教養や生き方の問題にひき寄せて考えたい、と書いている学生もいました。

資料４の『最後の授業を受けて』の感想に記されているように、「以前より本当に新聞をよく読むようになった」「今の世の中自分の知らないことが多すぎると思った」「知らなければならないことを知らない」「経済の基礎知識を知らなさすぎる」ことを痛感し、「政治や経済がこんなに自分にとって身近なものであることがわかった」と述べています。

経済の仕組みを理解するうえで、「生産手段」「生産力」「資本」「労働」など、用語の正確な理解が求められます。その言葉の意味を理解するために、私は授業でかなりの時間を取りました。

学生のさまざまな意見を読むと、結局、言葉の意味を理解することよりも、短時間に「正解」を丸暗記し、効率よく記入することが優先され、言葉の持つ深い意味をほかの言葉、しかも現実と関連づけて考えるということが、受験中心の教育では、できなかったことがうかがえます。

また授業では、こうした観点から、個々の用語の理解とともに、いくつかの用語を使って資本主義経済の基本を記述する小テストを実施してきました。レポートよりテストの方がやりやすいと答える学生もいます。テストの結果とレポートの結果は、必ずしも一致しないこともわかりました。なぜテストの方がいいかというと、短期間で暗記すればよいからだと言います。レポートは、たとえば、問題の所在、具体的な論理展開、それを最後にまとめることが求められます。それが苦手だと言うのです。〝受験中心の教育〟のなかで、そうした学生がいるということは、十分理解できることでした。

資料４

●最後の授業をうけて（2013/1/24）

■去年の人権教育から、３科目の授業をうけて、以前に比べ本当に新聞をよく読むようになった。そして今の世の中、**自分が知らないことが多すぎると思った。知らないと損をしてしまうことや、知っていて当然なのに知らないことの多さに驚いた。**自分が一番痛感したことは、経済に関しての知識の無さであった。言葉の意味がまったく解らなかった。学ぶことの重要性を学んだ。（H・I）

■“教材研究は生徒へのメッセージづくり”。印象深い言葉だった。また、憲法26条から28条までの条文の中に、人間らしいくらしをつくりだすカギがあるということも、説得力があった。

この授業を受けるまで政治や経済、資本主義の構造などにまったく興味・関心はなかった。だが、一番前の席にすわり先生の話を聞いているうちに、どんどん関心が生まれてきた。**今まで知らなかったことで損をしているという自覚がなかった分、知ることが楽しくなった。自ら学ぶことの大切さを大学で先生に出会って、初めて感じることができた。**

また先生の情熱あふれる授業に発奮し、その熱意を学びたいと思う。（M・H）

■今まで労働ということを深く考えたことはなかった。しかし今日の授業をとおして**労働にまつわる様々なことを学んだ。この問題は数学よりも間近にある話なのに、そのことを自覚してなかった。**

私の父は労働組合ですごく熱心な活動をしていた。仕事よりもそちらの方に力が入っているよう見えるくらいだった。だから昇進なんてあるはずもないのに、８人もの子どもをよく育ててくれたと思う。

近年、若者がなかなか組合に入ってくれないので困るとも言っていた。かく言うわたしも興味がなかった、というより遠くの問題と思っていた。もっと早く興味をもっておけばと思う。**昔の人たちのお陰で、今の労働者の権利があるのだと思うようになった。**

わたしは秋学期から先生の授業を受けるようになったので春学期の政治も先生の授業を受ければ、もっと興味がわいたかもしれない。

教師になれば、先生のように飽くことのない探求心をもちたい。先生が楽しそうに授業をされると、私たちも楽しくなる。今日の授業はほんとに良かったです。（R・T）

■春学期の「政治」では憲法問題を中心に学んだ。とくに「９条」問題についてディベートをしたことで詳しい勉強ができ、その仕方もわかった。秋の**「経済」ではたくさんの知識を学び、難しかったけどやりがいがありました。**

また政治・経済の話でなく先生の雑談がとても楽しかった。先生の授業はひき込まれるようで木曜６限が、楽しみでした

“Thank you for your teaching！”（R・T）

■春・秋ともに授業を受けてきた。**先生の授業で一番学んだことは「『言葉』はまる暗記するものではなく、『言葉』のもつ意味、また『言葉』と『言葉』の関連を理解する」**ということでした。わたしは今迄、中学・高校とただ覚えるだけの勉強をしてきた。しかし**理解のない暗記だけの言葉は意味がない**ということを痛感した。このことを生かしていきたいと思う。（T・F）

■先生の授業を受けて感じたことは、教える側も授業を楽しまなければならないということでした。先生は常に楽しんでいるというように感じ取りました。そしてその気持は生徒に移るということも分かりました。実際にこの一年をとおして社会科が好きになったし、授業が楽しいと感じるようになりました。

これから先、教師という道をすすむかどうか未定ですが、この道を進むなら豊かな教材観をもって生徒に授業の楽しさ、おもしろさを伝えられる教師になりたいと思います。（S・M）

ところが、青年期に入って〝受験中心の教育〟の結果、覚えていたはずの知識が剥落し、「知らない」「わからない」ことが多いことに気づきます。大学の授業のなかで歴史や政治・経済に関する「新たな学び」「知の世界」に触れることによって、驚き、新たな疑問と知的好奇心を高め、その「捉え直し」「問い直し」を始めます。とりわけ、現実の政治や経済が青年・学生にとって厳しいものであるがゆえに、それは必然の結果ともいえます。

「大阪子ども調査」結果とこうした学生の状況から、学生が学ぶことの意味を問い、学問の喜びや自分の生き方をつなげて考え、権利行使の主体者としての人間形成の可能性をもっていることを、実感することができました。それを手がかりに、学生の「今」と噛み合う授業とサポートが求められているように思います。

私がよく使用した資料は、大阪の高校生の「笑顔の会」に所属している立命館大学４回生の手記『学ぶことは生きること』です。この学生は困難な家庭と成育歴を持っていて、勉強がきらいで、中学生のときはさまざまな問題行動で、教師の手を煩わしました。進学した高校では、こんな学校に来たくなかったという雰囲気がクラスに漂っていたと言います。そうしたなかで、学校をあげて取り組んでいる「家庭学習ノート」によって学ぶことが楽しくなり、学ぶことの意味がわかるようになりました。学生は、この「ノート」で、物事を多面的にみる力、歴史の主人公は民衆であるという歴史観を養うことができたと言います。

この学生の通っていた高校では、放課後に互いに学び合いながら勉強会を実施していますが、自分の人生経験も語るそうです。学校の入り口には「ユネスコ学習権宣言」の文言が記念碑に刻み込まれています。こうした授業を通して学ぶ喜びや学ぶ大切さや驚きがあり、やがては、学習観を転換していったということが、手記の趣旨です。

これを教材にして授業をすると、多くの学生が関心を示して、ここから何を学ぶかということを真剣に考えたようです。また講義を通して、学生の率直な思いや声に耳を傾けることを大事にしてきました。

日常の授業コメントや年度末の「授業についてのアンケート」などで、次のようなことが明らかになりました。

第一は、講義内容が理解でき、「新たな発見と喜び」や、自らの新たな「学びの動機づけ」となる授業を求めていることです。

とりわけ、政治分野では、憲法学習に関連し欧米の社会契約説とともに、近代日本の民権思想の先駆者である植木枝盛の思想と業績には、多くの学生が関心をしめしました。「民権土佐派」の「東洋大日本国国憲案」には、少なくない学生が驚きの声を寄せています。なかでも、子どもの権利条約につながる「子どもは子どもにして親のために在らず」とした「子権」に感動し、３人の学生とともに高知市に行きました。高知県子どもと教育を守る連絡会の集会に参加し、私が「大阪の教育」についての講演を行い、３人の学生がプレゼンテーションを行いました。

終了後、現地の案内で高知市の「自由民権記念館」、戦前の国会開設を前に県議会を開設し、初めて女性参政権を実現した小高坂村（現・高知市）の記念碑や平和資料館「草の家」を訪問しました。このフィールドワークに参加した学生の熱心にメモを取る姿に感動したものです。

また学生たちは、自らの進路とつながる２００８年の〝リーマンショック〟を頂点とした金融危機、労働者派遣法に関わる雇用形態に関する授業も強い関心をよせ、この授業を契機に新聞をよく読むようになったといいます。

こうした点から考えるなら、教職をめざす学生にとって専門的な知識と力量はもちろん、日本国憲法がしめす主権者として、平和・人権・民主主義国家の主権者たるにふさわしい豊かな国民的教養の形成は基本的な課題です。これを疎かにして、教育をもっぱら日本資本主義の国際競争に打ち勝つ人材の育成をめざす、政府の新自由主義的な教育施策では、人間らしい成長・発達、主権者として豊かな国民的な教養の形成は不可能なことです。

退職後、私はフィンランドの教育に関心をもち、ＤＣＩの大阪セクションとして、この国の教育事情の調査に行きました。事前学習で知った、庄井良信教授（北海道教育大）の紹介によるフィンランドの高校生の次のような作文を、大学の授業で取りあげました。

> ○　8年生（日本の学校では中学2年生）になって友達ができたが、孤独な数年間は人生について多くのことを教えてくれた。9年生になってわたしは世界について、人権について、自然の問題について多くのことを学んだわたしは、必ずしも社交的ではないが、社会的な人間だと感じている。このようにして世界と自分について学びながら成長していくだろう。
> 　わたしは、今の自分を過去と比較して評価するようにしている。まったく異なる他者と自分を比べることは愚かなことだと思う。

中学生のこの言葉に、学生たちに大きな驚きとともに、「まったく異なる他者と比べることは愚かなこと」に共感を呼んだようでした。

第二は、学生と大学教員の関係の問題です。教材や課題への深い理解と興味・関心を抱くような授業とともに、多くの学生が、学生と大学教員の関係のありかたに関する意見を記しています。少なくない学生が、「〝自分の学生時代が一番〟だと思うような授業はやめてほしい」「学生を前に一人で話をしているような授業でなく『参加型の授業』を」と述べています。なかには、「言葉にはないけど、〝できのよくない学生〟と言わんばかりの目線でみるのはやめてほしい」という意見もありました。

これらの意見は、私が授業をする上でも大きな参考になりました。

今の学生は未成熟な部分をもちながら、権威主義を排して平等を重んじるという点では民主主義的な感性を持ち合わせています。また、他人を必要以上に気遣って、なかなか率直な発言ができません。何かを言えば他者に笑われるのではないかということに非常に敏感です。たとえば、大学から離れて親しい友だちと話をする際の彼らの姿は、授業中とはまったくちがいます。

私は授業中、意見がでない時は、順番に学生を指名して発言する機会をつくりました。そうすると、自分がどういう質問をされ、それに対してどのような答えを用意すればよいかを非常に気づかっていることがわかります。自分が知らないことについて発言し〝間違うことは恥〟という考えや「上から目線」や押し付けではなく、ともに考え、学ぶという姿勢が大事だと実感しています。

そして、集まって話をしたり遊んだりすることで、私も彼や彼女らの中に入って、学生が寄り合い、つながり合う場、ともに学ぶ場をつくるように努力しました。これは、発達段階によって形は異なっても、小・中・高校生の教育に共通する、子ども・学生と教員との関係ではないでしょうか。

先ほどのフィンランドの教育事情の調査でもう一つ実感したことは、教師の市民としての教養、教養教科や領域に関する深い専門的知識とともに、子ども理解の専門家としてヴィゴツキーなどの発達論を学び、初等教育から修士の資格をもつことが義務づけられていることでした。

冒頭に紹介した3人の学生の一人から、卒業式の夜、「……顔を俯いて大学に入学した私は、先生の授業に出会うことで、生まれ変わりました……顔をあげ、前を見て卒業することができます」というメールがきました。私には過分な言葉ですが、古希を迎えた人間が、学生とこうした人間関係をもつことができたことに、こみあげてくるような感動を覚えました。

大学は研究機関であると同時に、学生の学びをサポートする役割をもっていると考えます。

私の講義を受けた学生からは、メールで「おすすめの書籍を紹介してください」といったことや、「沖縄に行ったメンバーで集まりましょう」といった連絡がきます。一度こうした機会を持つと学生は、皆で率直に語り合うこと、学び合うこと、そして、再び何かにとりくむことや、関わり合うことを強く求めています。場合によっては、それをコーディネートするのも大学教員の役割の一つかもしれないと思いました。

七　価値ある文学作品に学ぶ

最後に、価値ある文化の共有についてです。

２００6年、寝屋川市の中央小学校で、３名の教職員が殺傷された事件がありました。この小学校の卒業生で、大学入学資格検定に合格しアスペルガー症候群という診断を受けた17歳の少年が、小学校時代の担任教師が、自分の「いじめ」を見て見ぬふりをしたという理由で、母校に出向き、たまたまその場にいた３名の教職員を殺傷したという事件です。そのうちの２人は私の知人です。

この事件以来、私は、「子どもはどのよう過程を経ておとなになるのか」という、強い思いにかられました。「発達論」の書籍はありますが、何か、リアリティに乏しい気がします。ところが、ジャンルとしては確立されてはいないようですが、「少年文学」という分野があると、とある書籍に書かれていることを知り、少年がどのように成長して青年になり成人するのかを綴った小説を探して読んでみました。

そこには教育書と共通したものとともに、違ったものがありました。読んだ30冊近くの本の内容には、子どもが自立に向かう筋道に共通する苦悩やつまずき、大人や社会への疑問、寂しさや悲しみ、喜びが描かれています。

中勘助という詩人が書いた『銀の匙』という自伝的小説があります。夏目漱石は子どもを描いた小説のなかで、「近代文学」という形になっているのは、この作品が初めてだとして賞賛しました。

第1刷の巻末の解説文（昭和10年）で、和辻哲郎は次のように述べています。

「銀の匙にはふしぎなほどあざやかな子どもの世界が描かれている。しかもそれは大人の見た子どもの世界でもなければ、また大人の体験の内に回想させられた子ども時代の記憶というごときものでもない。それはまさしく子どもの体験した子どもの世界である。子どもの体験を子どもの体験としてこれほど真実に描きうる人は、（漱石の語を借りて言えば）、実際ほかにみたことがない。」（岩波文庫第21刷）

この作品をはじめ、井上靖の「しろばんば」、中野孝次の「わが少年期」、笹山久三の「四万十川」なども、人間の自立について深く考えさせられました。

また、日本が韓国を併合し植民地化した時代に、植林をするために朝鮮半島に渡った浅川巧を描いた『道

～白磁の人』という映画ですが、こういったものも学生といっしょに観ました。学生たちはたいへん感動し、韓国にも行きたいと言います。

生きていくうえで、「人間っていい」「学ぶことは素晴しい」といった感動や実感が涌く文学作品を読むことは、研究論文とはまた違った意味を持つのではないかと思います。

こうした文学作品には、時代と人間のくらし、そして家族や学校が描かれています。今は絶版となった『文学で綴る教育史』（伊ケ崎暁生著　民衆社　１９７４年）は、私にとっても、時代と人間を考える上で参考になった文献です。

文学作品は、政治・経済・社会を対象とする社会科学とは違った視点で、人が生きていく上で、生活現実を背景に、つまずき、苦悩、喜び、挫折と希望などが多面的に描かれています。教育という営みは、きわめて人間的な営みです。私がこれを重視したのは、作品の世界から学び、青年期の人間の形成に不可欠の「自己の対象化」に大きな意味をもつものだと考えたからです。

以上、私がすすめてきた「社会科・公民科教育法」の授業にみる学生たちの積極的側面と可能性を中心に述べてきました。しかしながら、受講したすべての学生たちが、授業の目標に到達できたのか、また学生たちの「問いかけ」が継続的なものとなって確かな教養の形成につながったか、という点では多くの課題を残しています。

一つは、授業計画の中に学生参加の場をつくり、学生が学び合うことで、つながりを形成することが不十分であったことです。

二つめは、学生たちの新たな発見や「問いかけ」を確かな教養とするための具体的なサポートができなかったことです。

この二つは、退職後に保存していた「授業コメント」やレポートを読み返して考えたことです。

おわりに

私たちは、憲法が発効した翌年１９４８年の「世界人権宣言」以来、ほぼ10年を節に、「ＩＬＯ・ユネスコの教員の地位に関する勧告」「女性差別撤廃条約」「子どもの権利条約」「障害者の権利条約」と、人権や教育に関る条約・宣言が採択され、その実行を求めてきました。こうした国際条約・宣言・勧告は、人類の歴史から紛争と飢餓をなくし平和で豊かなものにするために、人権体系をより豊かにする取り組みとして、国際基準が示されているものであると考えます。こうした条約・宣言の内容をどのように学び自らのものとして具体化していくかは、すぐれて教育の課題であるといっても過言ではありません。

人権と民主主義、さらには平和と非暴力の思想は、それこそ人類の歴史のなかで生み出され、時には激しい対立と闘い、また多大な犠牲によって豊かにされ発展してきました。

これらの人類史の動向を見すえ、世界的な視野で教育と教師のありようを深め豊かにしていくことが今、求められているのではないでしょうか。

＊この文章は、２０１３年5月11日、大阪経済大学で開催された「国庫補助に関する大学教授会　関西・中国・四国連絡協議会２０１２年度第４回研究会」の講演記録、さらには『教育のつどい２０１３』人権教育分科会レポート」を加筆・修正したものです。

第3章

めざせ！〝子どもにとって魅力的な先生〟

森川　紘一

はじめに

１９６３年から31年間の小学校教員時代は、「つながり」を基調にした実践の積み重ねでした。すなわち、教員と子どもの「つながり」、教員同士の「つながり」、子ども同士の「つながり」、保護者と教員の「つながり」、保護者同士の「つながり」、親子の「つながり」などです。その間の実践は、『ゆっくり芽を出せ』（あゆみ出版）、『子ども力をはぐくむ』（クリエイツかもがわ）他にまとめています。

残念ながら、体調を崩して53歳で退職しました。その後の20年間は、体調が好転したのに合わせて7大学と1専門学校の非常勤講師を経験してきました。授業はすべて、子ども論・教師論・生徒指導論関連科目です。

小学校教員時代の、「つながり」を基調にした実践スタイルは、大学教員としても変わってはいません。そこで、教職をめざす学生を相手に授業そのものでの「短期的なつながり」と、授業終了後の「長期的なつながり」を大切にした実践とをまとめてみます。まとめているうちに、私がかかわった大学生の姿から彼らが未来の教育を任せるに値する〝明日の教師〟であることを知っていただきたいという思いが強まりました。

その典型が次に紹介する〝五行詩〟です（五・七・五・七・七と短歌の字数と同じですが、短歌の概念にとらわれないで、五行に分けて書いた詩。以前に読んだ本に〝五行詩〟づくりが紹介されていた記憶があります）。

学生たちには「こんな先生になりたいな！（なれたらいいな！）」をテーマに書いてもらいました。

〝五行詩〟づくりを提案したのは「子どもをどう理解するか」を具体的な事例をもとに授業をした後でした。学生たちが書いた五行詩のほんの一部です。

○「先生！」と／呼ばれる自分を／想像し／家でこっそり／先生気分
○「先生の／クラスでよかった／ありがとう」／最後に言われる／教師になりたい
○「また来たで」／卒業しても／会いに来る／長い付き合い／できたらいいな
○気にすんな／やんちゃするのも／今のうち／お前のケツは／俺がふいたる
○いらないよ／無理して笑う／その笑顔／一緒に泣くから／こっちにおいで

教職をめざす若者のみずみずしい感性と情熱が伝わってきて、まぶしいくらいです。この学生たちが、近い将来子どもたちと心から笑える日がくることを願うと共に、青年教師が自由にはばたける条件が保障されることを願います。

一　明日の教師よ「つながる」ことにこだわれ！

現代人は、一般的につながりべたになったと言われています。学生もその例外ではありません。

その経過を概観すると、高度経済成長期を境に、企業の論理が優先され〝人間〟を「人材」とみる風潮が広がり、教育基本法の「人格の完成」をめざすことが教育の「目的」ではなく「人材の育成」が教育界でも平気で使われるようになりました。「競争社会」「管理社会」が当たり前になり、「本音で付き合おうとすると足をすくわれる」ような社会になりました。その結果、人間不信が広がり、急速に人間関係が希薄なものになりました。

子どもの世界でも、進学のための「受験競争」から「受験地獄」という言葉が生まれ、今では、受験期だけでなく日常的な「競争教育」が政策的に進められ、

「子ども期の喪失」が深刻化してきました。遊ぶ「時間」も、遊ぶ「場所」（空間）も、遊ぶ「仲間」も少なくなって、けんかをしたり仲直りしたりして「つながり」直す術を身につけることがむずかしくなってきています。すなわち、「三間」（時間・空間・仲間）がないといわれるようになって久しくなります。それが学生の人間関係をも窮屈なものにしているようです。学生たちが、「つながり」べたになっていることは、自己紹介をするとき「私は人見知りをするほうです」という学生が少なくないことにも伺えます。

そこで、わたしは、学生との出会いでは「遊び心を共有する」ことを大切にしています。「遊び心」で出会うことで、自他共に心が和む事を実感し、自らの教師像づくりの足しにしてもらいたいと思うからです。

1 「遊び心」で出会う

いつも、授業の始まりには、「講義通信『いつつぼし』」（資料1、もともとは、学級通信「いつつぼし」で現在は、大学版として発行）を用意します。そこには、「私のプロフィール」というコラム記事があります。初日の授業では、それを使って自己紹介をします。

出生地が岡山県ですので「岡山出身の人、いますか？」とたずね、挙手する学生がいればそばに行って二言三言対話をします。それだけで、教室の雰囲気が和みます。そして「よろしく」と言って握手もします。その学生には「つながりカード」と名づけた大きめの付箋を渡します。付箋を受け取った学生は、学部・学年・氏名を書き、私とどんなつながりができたかを簡単に書いて提出します。これは、機会あるごとに学生とのつながりを持とうとする姿勢をアピールするためです。ときには、思いがけない「つながり」に感動することもあります。

たとえば、ある学生の恩師・N先生が、妻の恩師でもあったのでした。N先生の新任時の教え子が妻で、N先生の退職直前の教え子がその学生でした。

その後の授業でも、つながり（たとえば、表情豊かに受講しているとか、班での話し合いをリードしたとか……）を大切にして、そのつど付箋を渡します。提出してくれた付箋は、私の手帳にはりつけておくと、後々役に立つことがしばしばあります。2、3紹介します。

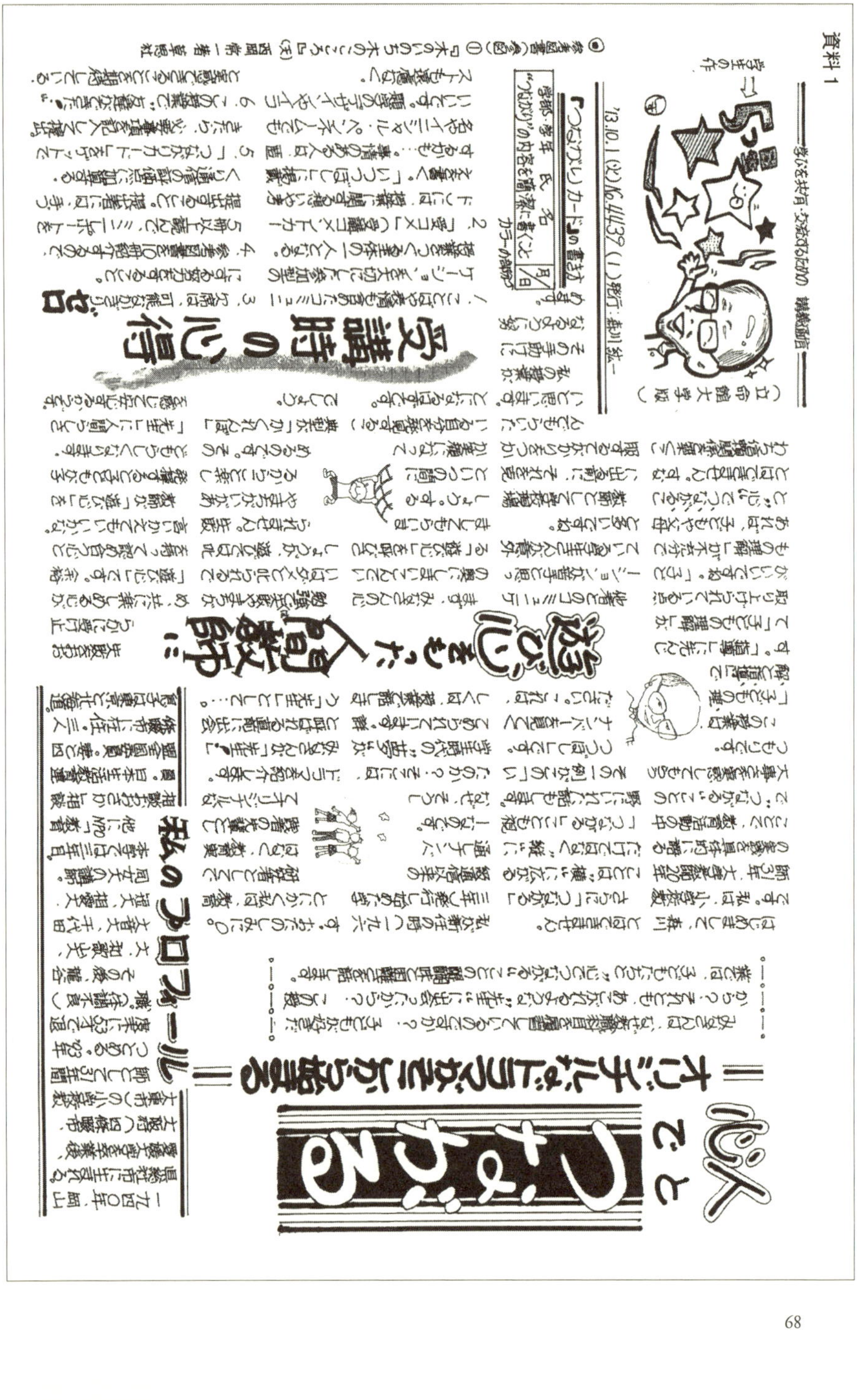

資料1

―学びを共有・交流するための　講義通信―

国際 5つ星

（立命館大学版）

↑学生の作

'13.10.1（火）No.4437（1）発行：赤川紘一

『つながりカード』の書き方

学部・学年　氏名　月/日

"つながり"の内容を簡潔に書くこと　カラーの線で

人と心でつながる

＝オリジナルな"ドラマ"から始まる＝

みなさんは、なぜ教職課程を履修しているのですか？　子どもが好きだから？　それとも、あこがれの先生に出会ったから？　この授業では、子どもたちと"心でつながる"ことの喜びと困難さを話します。

はじめまして。赤川です。私は、小学校教師31年、大学教師20年の実践を具体的に語ることで、教育活動の中で"つながる"ことの大事さを実感してもらうつもりです。

この授業は「子どもの理解と指導」です。「指導」に先だって「子どもの理解」が取り上げられているのがいいですね。「子どもの理解」が不十分であれば、子どもや父母と"心"でつながることはできません。すなわち信頼関係を築くことはできません。

さらに「つながる」ことは"横"に広がるだけではなく"縦"にも「つながる」ことも視野に入れて話をします。

その一例がこの「ハンバーガー」です。ナンバーを見てください。これは、私が新任の時（一九六三年）発行し始めた学級通信以来の通しナンバーなのです。なぜ、そうしたのか？　それには、学生時代の"指導"が関わっています。詳しくは、授業で話します。おたのしみに。

とにかく私は、教育研究者としてではなく、教育実践者の先輩としてオリジナルなドラマを紹介します。みなさんが「先生」と呼ばれる運命に出会う「先生」として…。

私のプロフィール

一九四〇年、岡山県総社市に生まれる。愛媛大学を卒業後、大阪府（四條畷市、大東市）の小学校教師として31年間つとめる。93年度末に55才で退職。（体調不良）その後、龍谷大、和歌山大、大谷大、千代田短大、相愛大、同女大の講師。本学では三年目。他に、NPO「教育相談おおさか」相談員。日本生活教育連盟全国委員。妻と四條畷市に在住。三人の子は東京と北海道。

遊び心をもった人間教師に

他者とのコミュニケーションが苦手と思っている学生さんが意外と多いですね。

教師として学校現場に出る前に、それを克服することからとりくんでもらいたいと思います。私の授業がその手助けになるように努めます。

まず、みなさんの心の奥にしまいこんでいる「遊び心」を呼びさましてもらいましょう。するといつの間にか緊張がほぐれている自分を発見することになるはずです。

勉強で疲れきっていたとしても、遊び心は忘れないでしょうか。遊び心は恐れません。失敗やまちがいがあっても楽しめるのです。その典型が「かくれん坊」でしょう。

失敗を恐れずおおらかに受け止め、共に楽しむ心が「遊び心」です。余裕を持って認め合う心と言いかえてもいいかな。

教師が「遊び心」を発揮することで子どもたちもほぐれていきます。「先生」に人間らしさを感じて安心するからです。

受講時の心得

1. ことばや表情も含めた"コミュニケーション"を大切にした参加型の授業をつくる主体の一人となる。
2. 「受コメ」（受講コメントカード）には、授業に関する感想や意見を書く。「いつつぼし」に掲載することも…。事情のある人は、匿名やイニシャル・ペンネームでもいいです。感想のデザインやイラストも歓迎します。
3. 欠席は、可能なかぎり**ゼロ**にする努力をすること。
4. 参考図書を10冊紹介するので、5冊以上読んで、ミニレポートを提出すること。提出者には、きっと通信の誌面に掲載する。
5. 「つながりカード」をファイルでまとめ、必要事項を記入して提出。
6. この授業で"友達ができた"と実感できることを期待している。

◉参考図書（参図）①『木のいのち木のこころ』（天）西岡常一著　草思社

○　以学館の前で、先生に出会った時、ニッコリ笑って会釈したので、その場でこれをもらいました。
○　授業前先生に「おはようございます」と言ったけど気付いてもらえなかったので、もう一度挨拶をしたら、気づいてもらえて、あいさつをしてもらえたし、この付箋をもらいました。

次の文章は、「つながりカード」をもらえなかった学生の「受講コメントカード」（授業への意見や感想を書くカードで、講義通信「いつつぼし」に載せることもある。以下「受コメ」と表記）です。

○　「生徒指導」（講義名は「生徒指導論」）についてのイメージは、確かに「うるさい。厳しい。どなり声」と言うものが私の中にもあります。森川先生の言う〝つながる〟実践が、今後の授業でどのように出てくるのか楽しみです。次の授業では、「つながりカード」がもらえますように！

〝つながる〟ためには、「遊び心」を大切にします。たとえば、授業の始まりのタイミングを使います。教壇に立って、学生たち一人ひとりに視線を送ります。その時、目があった学生には笑顔で頷きながら、口をはっきりと動かして「1、2、3……」と学生の人数をカウントしていきます。笑顔を返す学生もいますし、あわてて目をそらす学生もいます。カウントし終わったら、「今アイコンタクトがとれた人は（　）人でした」と言います。配布物（講義通信）などを読んでいた学生の中には「しまった！」という表情をする者もいます。これは「監視」したり、されたりの関係ではありません。

これを、1回目の授業から始めます。当然のことながら、何回か繰り返しているうちに、目の合う人数が増えるし、実に自然に、しかも一体感のある空気で授業を始めることができるようになります。

これは、学生の授業への参加を積極的なものにするのにも役立っています。そして「遊び心」で出会うことの大事さを実感してもらうことにも役立ちます。その典型はけん玉を使うことです。まだまだ硬い雰囲気の中でも、けん玉を取り出すと「なつかし～い！」などという声と笑顔があちこちに見えます。

間髪をいれず「やってみたい人、どうぞ！」と言うと、パラパラと手が挙がります。２～３人前に出て実演してもらいます。手が挙がらない時は、リアクションの大きかった学生を指名します。久しく手にしていないうえに緊張のあまり、成功するまでに何回も失敗します。あきらめようとする学生を励まし、「ワンポイントアドバイス」をして、成功するまで繰り返してもらいます。ほかの学生たちも集中してそのなりゆきを見守っています。そして、やっと成功した時は、どんなに初歩的な技であっても、歓声と拍手が起こります。

そこで私の一言。「一人のがんばりを見守り、成功を願って待つ集団。そして、成功した時、みんなが我が事のように喜び、祝福するような教室はいいですね。みなさんが教師になったとき、今皆さんが経験したような教室・学級集団をめざしてくださいね」と。

このように、第１回目の授業で私自身が「遊び心」を発揮して学生と「つながろう」とする姿勢を見せていきます。そのことが、学生の参加型授業への第一歩になります。学生の反応を「受コメ」から引用します。

○ 今日、初めて森川先生の授業を受けて、とても先生に親近感がわきました。授業を聞いていて先生は、生徒の心を開くのがとても上手だなと思いました。

先生も自然体ですし、私たちにも自然体でコミュニケーションをとるようにおっしゃってくださったので、とても楽しく授業を受けることができました。

これは自分が先生になったときの参考にもなると思いました。

けん玉のような自分の個人的な趣味でも、上手に使えば教え子の関心を集めたり、コミュニケーションをとる手段として有効なのだなあと気付きました。

相手が、小・中・高・大のちがいはあっても、初めて「先生」と対面する時は緊張するものです。それを和らげる出会い方をすることが必要なのに、中には、〝なめられたらおしまいだ！〟と思って、いかめしい〝教師仮面〟をつけて登場するつもりでいる学生もいます。そういう学生にはもちろん、他の学生にも、実践の中で〝人間的なつながり〟をめざすことの大切さを実感してもらいたくて、学生たちとこんな〝出会い〟方をしているのです。

２　不登校の中学生に共感する学生たち

登校拒否・不登校問題を授業で取りあげた時、保健室登校生（当時中学3年女子、東條希美さん）が、保健室のらくがき帳に書いた詩を資料にしました（養護教諭早瀬尚子先生と本人の二人で発行した『空になりたい』という詩集より　資料2参照）。

授業としては、Ａ１からＥ２までの中から、自分が一番心に響いた詩を選んで感想を書き、グループごとに話し合いました。

私が注目したのは、学生たちが作者・保健室登校生の心情に深く共感している点です。学生たちの共感がたくさん集まっている詩のベスト3は、Ｃ２、Ａ３、Ｅ１です。それぞれの感想文の若干を紹介します。

〈Ｃ２の感想文〉

○　どれもとてもよい詩で、心に訴えかけてくるものがあり迷ったのですが、Ｃ2が一番印象的です。ほかの詩はたぶん悩んで自分と葛藤している時なのでしょうが、Ｃ2は、それを乗り越えて自分を受け入れて、ありのままの自分でいいのだと気付いた時でしょうね。

私もこのような経験があって、がんばりすぎて精神的に苦しんでいた頃、友人から「そのままでいいよ。もう十分がんばっていること、わかっているから」というようなことを言われて、気持ちが軽くなり、プレッシャーの重みから解き放たれた気がしたことを思い出させてくれた詩です。昔のことを思い出して、泣きそうになりました。

○　私は涙を流すとまわりに心配をかけると思ってがまんして、笑顔をつくったことが何度もありました。けれど、家族や友達、先生で、自分を大事に思ってくれているのが伝わる人の前では安心し

資料２

A1

泣けばいいのに
笑っちゃって
休めばいいのに
がんばっちゃって
弱むしなのに
強がっちゃって

A2

にこにこ
笑っている
自分が
情けない

A3

笑顔の下の
本当の
気持ちが
あなたには
伝わりますか

B1

がんばら
なくっちゃ。
みんな
がんばってる
もんなぁ

B2

〝がんばる
自分が好き
でも
がんばらない
自分も
好きになりたい

B3

〝がんばらなきゃ〟
思いたく
なくても
思っちゃうんだなぁ

C1

じっとしている
時があったって
何も考えない
時があったって
いいんじゃ
ないのかなぁ

C2

涙を流してもいい
場所がある
涙を見せてもいい
人がいる
ほんとに
幸せだなぁと
思う

D1

何か私、悪いことした?
何か私、悪いこといった?
あなたには、わかんないかもしれないけど
今の私は、精一杯の私。
がんばって、がんばって、がんばってるの。
必死に、必死に生きてるの。
おおげさかもしれないけど、
これが今の私。
ねぇ、助けて。
なんで、私ばっかり…
ねぇ、どうして?
ねぇ誰か、私を安心させる空気で包んでよ。

D2

さみしすぎて、くるしすぎて、しんどすぎて、
涙なんか出ないよ。
ただ　ただ、書いているだけ。
私はこれから、何をすればいい?
私はこのあと、何を書けばいい?
あーあ、どこにもないよ。
私が安心できる場所。
ひとつだけあるとしたら、
この広〜い空かな。

D3

ごはんも　のど　とおらない時って
あるんだねぇー。
大好きな本も読めない時って
あるんだねぇー。
体が動かなくなる時って
あるんだねぇー。
まるで　心が
死んじゃったみたい。

D4

☆私に気づいて☆

私には、わかる気がする。

自ら命をおとしてしまう人たちの気持ち。

全ての人がどうかはわからないけど、人間というものは、誰かにふりむいてもらいたい。

自分がいるということを感じてもらいたい。

自分を見てもらいたい。こんな気持ち、あると思う。

自分をくるしめるようなことをしても、私はココにいる！　早く気づいて！と必死に伝えようとする。

本当に、追いつめられてしまった時は、どう伝えるのが一番いいのかなんてわからない。何てさけべばいいのかわからない。あげくのはて、どうやって声を出せばいいのかわからない。

こんなふうになってしまった自分にできること…

ー自分を苦しくないようにしてあげることー
けど、苦しくて苦しくて、しんどくてしんどくて、つらくてしかたナイ時は自分のことを大切にできなくなってしまうんじゃないのかなと思う。

言葉で何も言わなくても、必死にさけんでいる〝心〟がある。

自分を、追いつめて、追いつめて、どうすることもできない自分がいる。

私はここよ！　今、こまってるの！

助けて！　しんどいの！

何度も何度もさけんでいる。

人の耳には聞こえないかもしれないけど、さけんでいる。

私に気づいて！　こっちを見て！

つらいの！　くるしいの！

必死に伝えて、伝えまくって、それでもふりむいてくれない時、全てが信じられなくなる。

全てを愛せなくなる。

何も見えなくなる。何も感じられなくなる。

やっぱり人間って、一人じゃ生きていけない。

誰かに支えられてないと、すぐたおれちゃう。

みんなはそうじゃないかもしれないけど、私はそう。

助けたり、助けられたり。

だから、地球にはこんなにも、命あるものがあるんだよ。いるんだよ。

そう思わない?

E1

☆ファイト☆

「がんばってんな」
「ファイト!!」
言われれば言われるほど、くるしい、つらい、しんどい
〝少しだけ休ませてや〟って思う。
「がんばる」ということが重い重い物になることを忘れないでほしい。
全ての人が
「がんばれ」って言われて
「よっしゃー!!」ってがんばれないんだよ。
そういう時だってあるんだよ。
一人ひとり、その時、その時、
「がんばれ」の重さはぜんぶ違うんだよ。

E2

☆保健室と先生たち☆

しんどい時、
助けてもらいたい時、
保健室に行きたいと思う。
少なくとも私は思う。
だけど、先生たちは
〝行きたい〟という気持ちをわかってくれない時がある。
先生たちの中には、
分かってくれない人がいる。
保健室へ行くということは、
ギューッとしめつけられた空気の中からかいほうされる。
心が安らぐ。
きんちょうしない。
あったかくなる。
しかし先生たちは
〝甘えてるヤツが行く所〟
とか
〝甘い考えだ〟とか思っているようだ。
私自身が保健室に行っている時、ある先生は
〝またか〟と言う。
しかたないんだよ、授業に出るのがつらいんだもん、
苦しいんだもん。
甘えてるかもしれない、
だけど心は大切だよ。
〝またか〟なんて言わないで。
大切な、大切な、私の心だから。

て、涙をこらえられなくなって、涙を流した経験があります。
そんな時、みんな親身になって話を聴いてくれるので、本当に幸せだなあと、この詩と同じ気持ちになったことがあります。そんな場所があるから、今の自分があるのだと思います。

そのほかの感想文のワンポイント

＊この詩を読んで、少し心が楽になりました。
＊自分が追い込まれている時は、まわりの人全員が敵のような感じだから……中略……作者の気持ちが理解できる。
＊（私も）自分が自分であることを見せれない時がある。

〈A3の感想文〉

○どの詩も私の心に強く響きましたが、A3の詩が、一番心にグッときました。（中略）わたしは、元気だけがとりえです。いつもニコニコしていて、ちょっとボーッとしていると「どうしたん？何かあったン？」と言われるほどです。
しかし、このことが私を苦しめていた時期があったんです。苦しい時も笑わなきゃあ、悲しい時も笑わなきゃあ……正直苦しかったです。
そんな自分と重なってか、A3の詩に自然と目が行きました。わたしはいじめにあったことも、不登校になったこともありませんが、ここに書いてあった詩のほとんどに共感しました。このような気持ちは、だれもが感じる感情なのかもしれないと思いました。

そのほかの感想文のワンポイント

＊この詩は、誰にでも当てはまる気持ちだ……。痛いほど共感できました。
＊……今の私にかぶるところがあるので、代弁してくれているような気持ちになった。

〈E1の感想文〉

○いっぱいいっぱいの時は「がんばれ」って言われるのはしんどい。「がんばれ」っていう言葉には悪意がないから、なおさら辛くなってしまうんだと思う。
○　中学時代、不登校をしていた時、私もこの詩とまったく同じことを思っていました。だから、この詩を読んだ時すごく親近感が湧いてきました。

そのほかの感想文のワンポイント

＊親や教師からの期待って、うれしいけど窮屈なものだった。いつか壊れてしまう時が来る。今の私みたいに……。
＊「がんばれ」と言われるたびに、すべてを投げ出したくなりました。

３　子ども・学生に共通する淋しさ・生きづらさ

私は、保健室登校生の東條希美さんの詩に、これほど多くの大学生が真実味あふれる共感のしかたをするとは予想していませんでした。

Ｃ２の詩に一番多くの学生が共感しているということは、安心できる居場所や信頼できる人を求める心境を経験してきた学生が多いということではないでしょうか。つまり、学生たちは「孤独」なのでしょう。

Ａ３の詩については、自分をそのまま出せず、仮面をつけずにはおれない苦しさに共感している学生たちが多いということです。

Ｅ１の詩に関しては、みんな精いっぱいがんばり続けているけど、だからこそ深いところで心が疲れている。そんな学生が多いということも伺えます。

こうしてみると、〝どの子が登校拒否・不登校になってもふしぎはない〟状況で子どもたちは生きているということでしょう。不登校問題に関する調査研究協力者会議２００３年答申にも、第１章　第１項の〝不登校の現状に関する認識〟に「不登校については特定の子どもに特有の問題があることによって起こることとしてではなく、どの子にも起こりうることとしてとらえ、当事者への理解を深める必要がある」としている。……こうしたとらえ方は、変えることなく大切な視点として持ち続けるべきでしょう。言いかえれば、学生たちは、育ちにくい時代を懸命に生きている、あるいは生きてきたということでしょう。

授業では、各自が書いた感想や意見をグループ内で発表して話し合いをしました。お互いの発言を共感的に聞き、自分の経験や想いを出し合って、かなり濃い内容の話し合いができていました。この授業では、単に不登校生に関する抽象的な理論や「スキル」ではなく、子ども理解、人間理解にかかわる深い内容や、不登校・登校拒否を生み出す環境の問題をも考え合えました。

〈「受コメ」より〉

○　中学の時、私も朝突然吐き気がしたり、頭痛や腹痛、発熱などで学校を休むことがよくありました。10時すぎになると、それがうそのようになくなり、やることがなくて本を読んだりゲームをしたりしていました。幸い私の両親は理解があって、「行きたくないなら行かなくてもいい。ムリに行けとは言わない」と言ってくれて、私はそれにとても救われました。

親であれ教師であれ、子どもの心を考えてくれる人が一人いるだけでも、ずいぶんちがうものです。

今日の授業でそれを改めて考えました。

学生たちは、人と「つながり」、認め合うことの大事さやそれを困難にする教育環境をも実感してくれたと思います。

しかし一方で、学生たちがよく口にする「私は、人見知りです」という言葉がずっと気になっていました。それで、２００９年、当時非常勤講師をしていた二つの大学の受講生を対象に「友達関係」についてのアンケート調査をしてみました。その結果、「人間関係で悩んだことがある」が93％。その中で、82％は「友達関係」での悩みでした。「悩みや心配事を誰かに相談する際〝不安〟がありますか」に対して、56％が「ある」と答えています。その〝不安〟の中身に問題を感じます。70％が「相手に迷惑ではないか」と気遣っています。さらに問題は、55％もの学生が「ほかの人に話さないか」という不信感を持ちつつ相談しているのです。これでは、相談して心が休まるということにはならないでしょう。だから、友達と本音で付き合えないという空気が強まり、友達と「つながる」こと自体に臆病になっているように思えます。学生たちはどこにいても、誰といても生きづらさを感じずにはおれない環境にかこまれているようです。

そういう経験をもったまま間もなく教師となろうとしている学生です。だからこそ、彼らには「つながる」ことに恐れを感じないようになってほしいと思います。そこで、「つながれた」喜びを授業でも経験してもらう工夫もしました。その具体的な取り組みとして、次のような実践をしています。

4　グループワーク前に学生相互の「つながり」をつくる

1993年度から大学で教職科目を担当するようになって間もないころ、授業の途中で、グループ討論を提案した時のことです。グループづくり（近くの者同士少し移動するように指示しました）をして、テーマを提示しました。司会などは、それぞれの班で話し合って決めるだろうと思ったのですが大まちがいでした。

誰も口火を切る者がいなくて、まるでお通夜のようでした。しかたなく、「司会を決めてから話し合いを始めてください」と言って、机間指導をはじめました。ジャンケンで司会を決め、始まりそうな気配が見えてきた班はいい方で、固まった状態の班もたくさんありました。小説を読んだり、別の授業のレポートらしい物に取り組んでいたり、寝ていたりと、あきれるような姿があちこちに見えました。

この失敗を教訓に、その後は、学生たちの「遊び心」に火をつけるようなグループづくり（注1）をして班長を決めました。ゲーム風の自己紹介を班長から始めたのち話し合いに進みました。そうすると、見ちがえるように笑顔や笑い声、拍手が起こり、話し合いもリラックスした感じに変わりました。もちろんテーマが深まる班も続出しました。

・注1　グループの作り方
a　生まれ月別に席を決める。（人数の調整をして班を決定）
b　私がリードして、簡単なゲームをする。（私との集団じゃんけん・私の手の中にチョークを握ってどちらの手に持っているかを、班で相談して答えを決めるなど）

c　遊んだ後、「今遊んでいる時、一番楽しんでいた人は誰か？」を決める。（ちょっとの間をおいて、一斉にその人を指さしてもらう）

d　指さしが一番多かった人を班長とし、班長は司会と話し合った内容の報告を担当。班員は、班長が困らないように発言するように指示。

e　話し合う前に、「遊び心」でゲーム風の自己紹介をする。（班長が先頭に自己紹介。左まわりで、次の人は班長の名前を言って自己紹介をする。三人目は、班長と二人目の名前を言ってから自己紹介をする。四人目以降も同様。最後の人は全員の名前を言うことになる。これで、結果的には全員が全員の名前を記憶することができ、お互いに和んだ感じになる）

f　自己紹介の内容は、普通の自己紹介のほかに、最近の笑える失敗談を付け加えることで、和んだ空気が一層強まる。

こうして始めると、その後はグループでの話し合いも活発になるし、「受コメ」も内容の濃いものになる傾向を実感しました。さらに、それを、講義通信「いつつぼし」に掲載する際、「匿名希望」（普通はオープンですが、本人が希望すれば「匿名」で載せます）が少なくなる傾向も出てきました。

その後20年近く、少々アレンジしながら、どこの大学でもこの方式を採用してきました。

〈「受コメ」より〉

○　今日の授業は、すごく楽しかったです。授業の始まりに「これからみんな居心地がよくなりますよ」と先生が言ってましたが、そんなに簡単に打ち解けることができるんかなあ？って思っていました。でも、いろんなゲームを通して、最後には和やかな雰囲気に包まれてたし、本当に楽しかったです！　先生の夢の話（筆者注・親子2代に同じ名前の学級通信を渡すという学生時代からの夢）も素敵でした。

○　今日の授業で班長になってしまいました。代表になるのはすごく苦手だけど、選んでもらえてうれしいというのも本当です。がんばることじゃあないかもしれないけど、私は今はがんばりたいと思っています。

「遊び心」で始めたことで予期せぬ成果が出たこともあります。その典型的な例は、後述するように「カヨウ会」というサロン風の自主ゼミ的なサークルにまで発展したことです。

「遊び心」を取り入れることによって、学生たちの圧倒的多数が心を開きます。「人見知りが強い」と自負していたような学生も「楽しかった！」とか「大学の授業で、知り合いが増えるなんて今まで考えたこともなかった！」と感想を寄せてきます。おそらく、いろんな事情で「つながりべた」になっている学生ほど、実は「つながり」を強く求めているのではないかと思います。

班ごとの作業も取り入れて学生間のつながりを強めます。たとえば、学級通信のつくり方を説明した後は、班員で分担して記事を書き、それを台紙に張り付けて仕上げます。印刷した通信ができた時は、みんな満足そうです。（写真参照）

二　授業が起点となって、学生との長い「つながり」が始まる

いままでに、いくつかの大学で「小・中・高時代に出会った先生を二人思い出してください。一人は、一生忘れられないほどの素敵な出会いのできた先生。もう一人は、思い出したくもないほど理不尽な対応をされた先生。その先生とのことで、はっきり覚えていることで書くことができれば書いてください。固有名詞を書く必要はありません」という意味のことを言ってアンケート風に書いてもらったことがあります。

そこには「素敵な出会い」をした先生とは、今も「つながり」をもっている学生が多いし、その先生との出会いがあったからこそ、今の自分があるし、教職をめざすようにもなったのだという意味のことを書いている学生もかなりいます。

学生が「先生」と呼ばれるようになる「直前に出会う教師」「教師」になるまでに出会う教師の中でも「最後の教師」が私たち大学の教員です。学生との「素敵な出会い」をめざすとともに、長いスパンで学生との「つながり」を保てるような配慮があってもいいのではないかと思います。非常勤講師としての限界から口惜しい気持ちを味わいながらも……。

次に、そういう長いスパンでの学生との「つながり」の「ドラマ」を紹介します。

1　“学級歌づくり”から発展したサロン風の自主ゼミ的なサークル「カヨウ会」

(1) 学生に受け入れられた学級歌づくり

1979年に担任した6年生が、修学旅行の夜、宮島の鳥居を見ながら歌うための“学級歌「太陽の子」”を、自分たちで3番まで作詞・作曲しました（資料3）。

その翌年担任した5年生の学級でも感動的な学級ドラマが生まれるようになりました。その時思いついたのが、学級でのビッグニュースを歌詞にして「太陽の子」の替え歌をつくり続けることでした。私からの提案は歓迎されて4番から10番までできました。その後も、学級がまとまってきたタイミングに提案して、30番、50番と増えていきました。歌詞を読むとそれぞれ

のクラスのことが歌暦のように思い出されます。百番を超えたころから、日本一長いと言われる「鉄道唱歌」（334番）を超えることを子どもたち・保護者たちと一緒にめざすようになりました。1年生では無理かと思ったのですが、趣旨に賛同した保護者が子どもといっしょに作詞してくれて小学校を退職するまで、毎年続けることができました。

残念ながら、体調を崩して53歳で退職せざるを得なくなったのですが、その時、247番までしか進んでいませんでした。「鉄道唱歌」を超えられなくてとても残念でした。

退職後、初めて講師として行った大学で、前期の終わりごろに、「学級文化の創造」というテーマの授業での具体例として、〝学級歌づくり〟を取りあげました。ここでは担任が得意な分野、たとえば音楽、絵画、スポーツ、手づくり工作、伝承遊び、演劇、絵本・児童文学の読み聞かせなどをベースに子どもたちの関心のあることを学級で普及させ楽しみをつくることの意義を具体的に講義しました。その時、遠慮がちに248番以降の作詞を提案してみました。すると、3人が作詞を試みてくれました。

これに元気をもらって後期は、ちょっと早めに〝学級歌〟の作詞を提案しました。その翌週、授業前に男子学生二人が、その教室にあるピアノに向かって学級

資料３

学級歌「太陽の子」

いつもがやがやしてたってなん
かやるときゃこころはひとつくみ
たてたいそうのれんしゅうでまい
にちまいにちくらくまであざがで
きてもがんばったきまーったタワーに
だいはくしゅつらいーことでもぶっとば
すそうさぼくらはたいようのこだ

歌のメロディーを練習していました。早速、歌詞ができたら生で演奏するように頼んだら、二つ返事で「いいっすよ」と言ってくれました。その翌週、替え歌の歌詞が届き、二人に頼んで伴奏してもらい、１５０人ほどの即席合唱団の声が静かに響いて感動的に授業を終わりました。

その翌年の前期で、グループづくりをし、グループ討論も成功して、授業の雰囲気も生き生きした感じが漂うようになったところで、「学級文化の創造」をテーマに授業をした後、例の〝学級歌〟づくりを提案しました。前年の前期と後期のことも話しました。

その授業が終わったとき、6、7人の学生（同じ班でつながった学生）が私のところにやってきて言いました。私とのやり取りです。

「先生、来週の授業の終わりごろ、5分ほど時間をください」

「どういうこと？」

「この教室にはピアノがありません。でもぼくたちは、（ギターを弾くまねをしながら）音を出せますよ」

「なるほど。それで？」

「来週、みんなに提案したいんです。音を出せる人はいっしょに学級歌の伴奏をしようと……」「それで、先生が帰りに一服しているM喫茶店で相談したいので、そのことを言わせてください」

こうして、翌週、10人ほどが例の喫茶店に集まりました。ギターやキーボードをもった学生や楽器は持っていないがおもしろそうなので来たという学生もいました。1～2週間後には、歌詞が届いたので授業終了前に生伴奏付きで合唱しました。

その日の授業後、M喫茶店に集まった学生たちは、成就感・達成感で満足していました。誘われた学生たちもいたので10数人が参加していました。話は盛り上がり、いろんなことに話が広がりました。そして、「このまま終わるのはもったいない。伴奏のことにかぎらず、今日のような話し合いを続けられたらいいな」という声が上がり、全員が賛成して続けることにしました。

（２）「カヨウ会」という名のしゃべり場誕生

その後、その集まりに「カヨウ会」という名前までつきました。集まる日が「火曜（カヨウ）日」だということ。学級歌に端を発しているので「歌謡（カヨウ）」。毎週Ｍ喫茶店に「通う（カヨウ）」。この三つをかけて「カヨウ会」と名付けたのでした。

ここまでの学生の姿には、若者の積極性・可能性がうかがえます。この積極性・可能性をどう引き出すかは、基本的には小・中・高での実践的課題と共通するものがありそうです。そのことは、以下に述べる学生とのかかわりをみれば明らかです。

「カヨウ会」はその後、私がその大学に勤めている間の７年間続きました。その間、代替わりをしながら、20人前後の参加が当たり前になりました。

授業でパネルディスカッション（いじめ問題）を予定した時などは、「カヨウ会」での話し合いが、そのリハーサルになったこともありました。子ども論、教師論、恋愛論、人間関係論等々話題は多岐にわたりました。学級歌が「鉄道唱歌」を越えたことで『朝日新聞』の取材（資料４）を受けたし、その後、２、３のテレビ取材も受けました。「いじめ問題」では、ＮＨＫテレビが「カヨウ会」に取材に来ました。

「カヨウ会」に参加してくる学生には二つのタイプがありました。その一つは、物事に積極的で、人と話し合うのが大好きなタイプ（積極型）です。そのタイプの学生は、どこにでも自分の居場所をつくれるはずなのに、なぜ「カヨウ会」に居場所を求めてやってくるのか。当初、私はその答えがわからず、じっと観察していました。あるとき、積極型の学生が「ここでは自分の言いたいことを遠慮なく言える。言えば反応が返ってくる。だから、浮かされた感じを味わわなくてもいい」と言っているのを聞いて、納得しました。日頃は、言いたいことを言っても周囲は無反応で砂をかむようなストレスを味わっていたのでしょう。つまり、学生間での十分な話し合い、討論が成立しにくい状況が日常化しているということがうかがえます。

もう一つのタイプは、おとなしくて友達づきあいの苦手なタイプ（消極型）です。このタイプの学生も、日常の大学生活では、居場所を実感できないでいるよ

第3種郵便物認可　朝刊

クラスの歌は343番

「作詞リレー」20年 できたよ「太陽の子」

小学校の先生が呼びかけ

小学校の先生が二十年前、担任したクラスの歌をつくろうと提案した。子どもたちが作詞・作曲して学級歌「太陽の子」ができあがった。その後、先生は小学校教諭から大学講師へと転職したが、作詞リレーは続き、今では大学の教え子が歌詞をつける。そしてこの夏、三百四十三番の歌詞ができ、〽汽笛一声、新橋を——で始まる鉄道唱歌の三百三十番台を超えた。

この先生は、龍谷大（京都市）や大阪音楽大（大阪府豊中市）などで講師をつとめる大阪府四条畷市、森川紘一さん（五八）。

話は一九七九年にさかのぼる。教師になって十七年目、大阪府大東市の市立四条北小学校で六年六組を担任していた。「修学旅行先で歌える世界で一つしかない歌をつくろう」と持ちかけた。

子どもたちはすぐに乗ってきた。男子が詞を合作し、ピアノが弾ける女子が中心になって曲をつけた。題名は、この前年に灰谷健次郎氏が発表した同名の児童文学とは関係ない。薄くなりかけた先生の頭が「太陽」だった。

三番まで作ってこのクラスは卒業。次に担任した五年生は授業や修学旅行での出来事を題材に十番まで伸ばした。低学年を受け持った時には、兄弟姉妹や保護者も参加。我が子の命名に込めた母の思いが歌詞になったこともある。

心臓に持病を抱え度々休むようになった森川さんは九三年度で退職。「太陽の子」も二百四十七番で中断した。だが「週に一、二度の講義なら」と九四年から通いだした龍谷大で思いがけないことが起きた。

教師を目指す学生たちを前にした授業でおそるおそる「よかったら続きを作ってくれませんか」と頼んでみると、三人が付いてきた。二年目には、ギターやキーボードを持参する学生も現れ、新作ができるたびに授業の最後で歌うようになった。伴奏の打ち合わせのための集まりが、教育談議をする場にもなった。

「鉄道唱歌」も超えた

歌詞の中身は将来への希望や青春の悩みへと変化しながら、その後も順調に増え続けた。三百三十番台まであるという鉄道唱歌も今年に入って突破し、和歌山大の夏季集中講義で三百四十三番ができた。

龍谷大の元教え子で、京都の児童館で指導員をしている村田英司さん（二五）は「『子どもの力を信じて待つ』という言葉に教えられた」。一―三番をつくった六年六組の一員で、現在は大東市野外活動センターで子どもたちのための学生リーダー育成に携わっている阪中玄さん（三二）は「先生自身は歌下手やったけれど、やる気にさせる何かがあった。人を育てたいというあの信念がなければ、だれも続けてやろうとは思わなかっただろう」と話す。

森川さんは「『世界で一番長い歌をつくろう』と呼びかけてきたが、定年まで小学校に勤められず、途中で断念するしかなかった。それを、まさか大学生が引き継いでくれるとは。素晴らしい子どもや父母、若者たちに恵まれました」と話している。

お茶を飲みながら学生たちの相談に乗るのが、講義を終えた後の森川さん（中央）の恒例行事だ＝京都市伏見区深草、龍谷大学近くの喫茶店で

資料４　朝日新聞　1999年9月6日

うです。控えめな女子学生が自己紹介で「私は、コミュニケーションをとることが苦手です。でも、『カヨウ会』では、黙っていても私の存在を認めてくれる空気があってホッとできるんです」と話していたのが印象的でした。

積極型も消極型も、日常的に安心できる自分の居場所がないという現実が「カヨウ会」の存在を有意義なものとしたのかもしれません。「カヨウ会」を閉会してから13年が終わろうとしています。（２０１３年度末現在）その間教師となったメンバーの研究授業を参観したり、研究会に誘ったり、仲人になったり、結婚式に招待されたり、年賀状の交換等々でつながっているメンバーは60人を超えています。

私とのつながりだけではありません。学生同士の絆もみごとです。教職をめざして講師をしながら、毎年教員採用試験に挑戦し続けてきたG君。ついに13回目で合格しました。早々に合格するのも立派ですが、13回も続けて挑戦したG君を祝福しようと「カヨウ会」の初代会長が企画して、祝賀会を開きました。北は山形県、南は沖縄県に広がっているメンバーに連絡して、私を含めて16人が参加できました。海外在住者からも参加できないことを残念がる返事も届いていました。

こうしたことを総合的に見てみると、「つながり」にくい現実があるからこそ、「つながりたい」という願いを強く持っていることがわかります。それが満たされることは若者たちにとってはかけがえのない宝物なのだろうと思います。

非常勤講師でも、工夫すれば「カヨウ会」のような形で、私設の自主ゼミを開いて、学生たちの「つながる」という〝宝物〟さがしの手伝いができるものだと思います。

２　近畿を飛び出した学級歌「太陽の子」

(1)　新任らしい悩みが聞こえる

「カヨウ会」での数々のドラマは、この紙面では語りつくせないほどあります。当初勤めた大学の退職に伴い「カヨウ会」を閉会した後も、若者を中心にした「カヨウ会」のような集まりをもちたいものだと、いくつもの大学で、チャンスをうかがっていたのですが、２０１１年末から「みちくさ」と改名して、私の家の隣町で再開することができています。

参加を呼びかけた対象は、私の小学校教師時代の教え子とその保護者、大学の教え子、私や参加者とつながりのある人たち、私のかつての同僚とその知人などです。その立場は、教師、保育士、公務員、主婦、学生、サラリーマン、宗教者、ＮＰＯ関係者、一般地域住民など、20～60歳代です。３年目の現在（２０１４年現在）は、40人あまりに案内状（「いつつぼし」〝みちくさ〟版）を出しています。

いろんな立場の参加者なので、視野が広がるという感想が聞かれます。毎回、10人あまりの参加者があります。

その中の一人の山形さんが、予想したこともないドラマを展開し始めてくれました。彼女は、独自のこだわりがあって四国の教師になりました。

新任で1年生を担任した4月の下旬、「いつつぼし」〝みちくさ版〟に載せることを前提に、次のようなメールをくれました。

――初めての参観日と学級懇談会を土曜日に終え、少し気分が楽な今週です。しかし、ずっと困っていることがあります。

その一つは。根はやさしくて、世話好きさんなのですが、すぐにカッとなりやすく、大声で怒鳴り散らすようにまわりの子を注意するので、よくけんかになることです。もう一人は、すぐに手足が出て、友達を泣かせてしまうことが毎時間のようにあることです。

気付けば私もその子たちを怒ってばかり……。

「どうして私（ぼく）ばかり怒られなければいけないの!?」

と思っているようです。そのつど、二人の言い分とまわりの子の言い分を聞いて一応解決できて、少しは伝わったかな？と思ったやさきに、またもめごとが起こるという毎日です。今の私は本人たちを納得させる指導ができません。

先輩から「1年生の4月は、とくに学習規律をしっかりと！　甘やかしてはいけない。言う時はバシッと言わないといけないよ」と言われています。もちろん、ほめることもたくさんしてはいますが、それ以上に……。子どもたちが帰った後で、一日を振り返ったとき、〝今日も怒ってばっかりやったなあ……〟と、悲しい気分になってしまいます。加減のむずかしさを感じる今日この頃です……。

そんな中で……私の今の気分転換は、通信を書くことです。通信を書くことで、子どもたちのいいところを自分自身で再確認できるような気がします。そうやってリセットしながら、子どもたちと接するようにしています（笑）。今日、第4号を出しました。

初の学級懇談で、通信の命名式を行ってきました。

（後略）

このメールに対して、私は次のように返信しています。

――森川です。メールと学級通信ありがとう。また「いつつぼし」〝みちくさ版〟や大学での講義に使わせてもらうよ。君の今の悩みには、大切な内容がこもっているね。（中略）あれこれ、思いついたことを羅列的に書くから、君なりに「読み・解いて」くれるとうれしいなあ。

1　まず、学級通信について

＊題名募集に、応募がなかったのは残念だね。でも、めげずに健康的な押し出しをしているところは、スゴイ‼の一言だなあ。懇談会で「命名式」をやるなんて、うならせるなあ。

＊保護者の声を求めている点も、いい意味でのしたたかさが見えるよ。保護者といっしょに！　をモットーにしていれば、きっとわかってくれる親が出てくるよ。

＊「奥付け」には、学校名に加えてクラス名と男女別児童数を！　それと、担任名もね。

＊学級通信の名前、とてもいいね。君のあったかい思いが込められているなあ。

2　君の悩みについて

＊まず、子どもたちに厳しくするかどうかの悩みは今の君には、もっとも大事な悩みですよ。①深く悩むこと　②長く悩み続けること……この二つは持ち続けてください。私も、31年間ずっと持ち続けたテーマなんだよ。悩みは、年々〝進化〟する

よ。振り返ってみると、はずかしくもあり、うれしいとも思えるんだなあ。

＊その子たちの「どうして私（ぼく）ばっかり……」という想いに耳を傾けて「確かにそうだなあ―」と、共感しているところがいいなあ。そこには「子どもから学ぶ」スタンスが見える。教師の傲慢さが見えない。

＊子どもを怒ることに「少し悲しい気分に……」なれる君は、まちがいなく「子どもの味方」「子どもの側に立つ」先生になろうとしている証拠だよ。

＊その子たちがそうなのは、どうしてだろうね。自分の感情を抑えきれないワケがきっとあるんだろう。それをいつも心にとめておこうよ。いつかその子の事情がわかったら「そうだったのか！」と、その子がいとおしく思えるようになるよ。

　その子たちにかぎらず、子どもを深く理解することができると、そのたびに簡単に叱りつけるようなことができなくなるし、テクニック的に「バシッと……」言うだけではすまされなくなるんだなあ。子どもに規律を教えるときや守らせたいときは、叱ってさせるのではなく、肯定的な言動を取りあげて、それを高く評価することの方が、子ども自身の中に大事な価値観として定着しやすいし、みんなが共有しやすいよ。

＊老婆心（老爺心）ながら……担任の話し方が子どもにうつるということがよくあって、〝怒りっぽい〟子が担任の怒り方をまねているケースもあるものだよ。

＊学級通信を書くことで「子どもたちのいいところを自分自身で再確認できるような……」このことに早くも気づきましたか！　それが君たちの学生時代に話した「子どもから学ぶ」ということの始まりだよ。子どものことを文章にすることはしんどいこと。多忙であればあるほど。でも、私自身、学級通信「いつつぼし」を書いてきたからこそ、今の自分があると思っていま～す。

　こうして教師生活をスタートさせた山形さんです。山形さんとは、こんな感じでメールをやり取りしながら1年が終わりました。「いつつぼし」〝みちくさ版〟

形さんにも送っています。

にも何回か紹介しました。できた「いつつぼし」は山

(2)「魅力的な先生」への一歩、二歩……

その山形さんから、２年目（２０１３年）に入った4月、次のようなメールが届きました。

――明日からいよいよ新学期です！　今年度は22名の4年生を担任することになりました。

私の学校では、毎年4年生が、市の音楽祭に出ます。そんなこともあり、今年は歌に力を入れたいなあと思っています。そこで思い出したのが、森川先生が紹介してくださった学級歌『太陽の子』の歌詞リレーでした！

あのメロディーをお借りして、４年生の学級歌をつくってみました。明日の学級開きで、子どもたちにプレゼントしようと思っています。そして、いろんな行事のたびに、子どもたちといっしょにその歌を歌ったり、子どもたちに歌詞をつくらせたりしながら歌詞リレーの実践ができたらなあと考えています。

大学の時に学んだことが形になろうとしていることがとてもうれしいです！　まずは、あす子どもたちと、素敵な出会いができますように……。またたびたび、近況報告させてもらいます！

思いもよらぬ山形さんの発想に感動しました。前述したように学級歌「太陽の子」が大学生に引き継がれた時も感激しました。ところが今回は、私が考えもしなかったことを、大学での教え子である山形さんが、先生として創造的に受け継いでくれたのです。私は直接話がしたくなり電話をしました。

電話で話しているうちに、一刻も早くその歌詞を聞きたくなり、電話で歌ってもらいました。素敵な歌詞でした。２年目の若い教師の新年度を前にしたみずみずしいやる気が伝わってくる歌詞でした。そこには、私には眩いほどの青年教師の〝こころいき〟が込められていました。私も歌ってみたいので、歌詞をメールで送るように頼みました。２０１３年4月18日、次のようなメールが届きました。

……（前略）私はというと、子どもたちと毎日楽しく過ごしています！　日々の子どもたちのがんばりや成長を伝えることが楽しくて、今のところ通信を毎日出しています！

昨日、特別授業をしました。うちのクラスは、自分になかなか自信が持てない子が多く、授業でもあまり活発な発言がみられません。そこで、まきたしんじさんの詩『教室はまちがうところだ』を使って授業をしてみました。

思っていた以上に、その詩に対して共感する子が多く、びっくりしました。その授業の振り返りを通信に載せ、子どもたちの気持ちを親に伝えました。傷つきやすく敏感な子どもたちの心を精いっぱい支えていきたいと改めて思った一日でした。

さて、歌はまだ、リレーにはなっていません。近々動き出そうと考えています！

〈歌詞〉

今日からみんなは4年生／高学年への仲間入り／不安なこともあるだろう

だけど／だけど、大丈夫／笑顔で何でも乗り切るぞ／どんなときにも語り合おう

いつでもやる気全開だ／そうさ、みんなは4A だ！……です。

早く2番以降を作らせてみたいです。音楽の授業で、楽譜を作らせるのもいいなと考えています。楽しいことをいっぱい考えると、夜寝るのも惜しいくらいの毎日です。そんなこんなで、今日も気づけば23時半！（笑）

『太陽の子』は今までに715番までできていますので、この山形さんの作った歌詞は、716番とします。その後の進展はどうかと、待ちきれない思いでメールしてみました。2013年4月12日現在で、なんと6番もできていました。

この山形さんの企画が今後も続けて成功し、学級歌として山形さんのいる街に根付いていてくれることを期待します。私が大学講師を辞めても、どこかで山形さんの実践が続いていることでしょう。この〝教育的ロマン〟を目を細めて見守り続けたいと思っています。

「長いスパンでの『つながり』が教育的ロマンやドラマに発展」したケースは、ほかにも数多くあります

が、それらについては別の機会に譲ります。

以上、「カヨウ会」と「近畿を飛び出した学級歌『太陽の子』」の二つのケースを紹介しました。いずれも、私の小学校教員時代の実践である〝学級文化としての「学級歌」づくり〟の実践を大学の授業で取りあげたことから発展したケースです。

人と人の〝つながり〟が〝文化〟を生み出し発展させます。〝つながり〟を大切にし、それを基調に据えることで、一味違った教育実践を創造することができます。そこに、教育的ロマン・教育実践の醍醐味が生まれます。私は、この醍醐味を学生に伝えていきたいと思います。

おわりに

大学における私の教育実践は、小・中・高等学校と違って、原則として、間もなく教師になることをめざしている学生を対象にした教育実践です。ですから、教育の目的である「人格の完成」に加えて、「子どもにとって魅力的な先生」になってもらうことを目的に加えたいと思います。

その意味で、「子どもにしっかり、深く共感できる教師」「子どもから学びつつ、創造的な教育実践を生み出す教師」を育てるような、教職課程の授業を展開していきたいと思ってきました。

そのことは、「短期的な実践」としての授業はもちろん、「長いスパンの長期的な『つながり』」も視野に入れた実践を創造する努力を惜しまないということでもあるのです。

そして、教職をめざす学生にとっての私は「学生が先生になる直前に出会う〝先生〟だ」ということを心に刻んでおきたいと思います。学生たちより一足先に、子どもたちと向き合う経験をした私の教育実践を学生に語り、私自身の教師としてのリアルな姿を見てもらうことも私の大切なテーマの一つです。

第2部　学生がつながっていく授業実践

第4章　大学生は伸びるつながる考える
――新米講師の実践報告

久志　裕子

一　「大学講師の会」との出会い

何で引き受けてしまったのだろうと何度も悔やんだ一年目でした。

自分の実力をわきまえず、後先考えずに走り出してしまうのが私の悪い癖です。引き受けた後で苦しみもがきながら帳尻合わせるために無い頭をひねって七転八倒した経験が何度もあります。「またやってしまった」のです。そんな私に道標となり、力を与えてくれたのが、「大学講師の会」でした。

「大学で教えてみいひんか」とかかってきた電話に、そんな道もあったのかと目が覚める思いで飛びついたのが、定年退職後の過ごし方をあれこれ迷っていた秋のことでした。

その電話で「大学講師の会」の存在も知りました。のこのこ出かけて行った初めての「大学講師の会」では、良質の新任研のように興奮し、単純に、ここで学べるだけで幸せだと思いました。大学生を、かつて小学校、中学校で教えた子どもたちと同じように愛し、これまでの実践経験から、新たな可能性をひき出そうとするパワーあふれる集団でした。

同時に、学生に何を伝えたいのかも考えていない自分がいることにも気付きました。

「実績と呼べるものなど何もない」と嘆く私に、「38年間小学校で教えたことが実績だ」と言ってくれたのは、「大学講師の会」の先生です。本当にそれしかない、けれど、38年間、来る日も来る日も子どもたちといっしょに笑ったり怒ったり、時には泣いたりしながら向き合ってきた事実だけはあると思い至りました。あの子どもたちがくれた時間とこれまでの実践を学生に伝え、そこから学生が教壇に立ちたいと言う思いを抱いてもらえるような講義をしようと決意しました。

　そして「大学講師の会」で学びながら、家では手当たりしだいに本を読み、繰り返し過去の学級通信や資料を読み直しました。講義で話したい内容は一字一句文章にしてプリントアウトします。それを何度も読み直しては書き直しました。読み直すとまた新たに調べる事が出てきて新しい本を探します。読んだり調べたりパソコンに向かったりという繰り返しで、週１回の授業準備のためにほかの曜日をすべて準備に充てるという毎日が始まりました。困った時は「大学講師の会」で相談にのってもらい、アドバイスをもらうことで、かろうじて、独り立ちしていったのです。

二　なかなか打ち解けない学生たち

１　１年目初日の戸惑い

　講義の初日、教職科目「生徒・進路指導論」を選んだ学生たちはてんでんばらばら。授業を始めようとする私に顔を向けるどころか机に突っ伏すもの、教師にお構いなく隣としゃべる学生までいます。

　学生数47人に比べて固定式の机といすが並んだ二百人の階段教室は広すぎます。おまけに講義室が廊下も兼ねており、授業が始まるまでは英語の先生や学生が当然のごとく通るのにもあわてました。受講生はとみると、見知った者同士がうしろに集まるのはまだましな方です。どう見てもひとりで行動しているような学生も複数いて、気になってしかたがありません。

　気を取り直して、出席をとりました。

「手をあげて、こちらに顔を向けてくださいね」とお願いして、一人ひとりフルネームで呼びます。

　初「生徒・進路指導論」は、オリエンテーション的な講義をあれほど綿密に計画していたにも関わらず、予定していた内容が60分ほどで終わってしまいました。38年間の45分間授業が染みついた頭には90分という授業時間が捉えられなかったのです。

「あれまあ、こんなに早く終わっちゃった。これでいいの?」と叫ぶ私に、むっつりうつむいていた井岡さんはやおら顔をあげて「それでいいんです」と初めて笑顔を向けてくれました。

この大学では2校時と4校時に同じ「生徒・進路指導論」の講義をしました。4校時目、出席をとっている間中、隣の学生としゃべり続けているマスク学生がいました。その学生に

「しゃべるの好きそうだから、この講義をとった理由も含めて自己紹介してくれる?」

と言うと、悪びれる事なく前に出て所属からきちんと話してくれました。それまで好き勝手な方向を見ていた学生の顔が一斉に前を向きました。4校時は出席を取る代わりに自己紹介をすることから始まりました。ひとりひとりが皆の前で声を発すると、それだけでクラスの雰囲気が変わっていくのがわかりました。この出だしのちがいが、2校時目と微妙にちがうクラスになった一因だと思います。まったく同じ授業をするのに、2校時では最後までつながりの希薄さを感じ、4校時のクラスでは、初日からうちとけた空気が流れ始めていたのです。

それと、目の前に生きた学生がいるかぎり、彼らとのやりとりを基に授業を進めていくのが基本であって、決してシナリオ通りには行かないのだということを思い出した一日目でした。

2　「生徒・進路指導論」の授業構成

講義では「大学通信・とおりゃんせ」と、資料として「講義ノート」を毎回出しました。「大学通信・とおりゃんせ」には、毎回詩と学生が順番にメールしてきたミニレポートを載せました。通信に載せる詩は、その日の講義の主題に関する内容です。ミニレポートも合わせて必ず声に出して読みました。授業の終わりには全員にコメントカードを書いてもらいます。悩みも多く書かれていました。これらには返事を書いて返しました。なにしろ、非常勤講師は週一度の授業にほかの曜日のすべての時間をかけられるのです。

第2回目、学生たちに「生徒・進路指導論とはなんぞや」と投げかけてみました。それぞれ紙に書いて黒板に貼って自分の考えを説明してもらいました。

学生たちは、「ただ必修だからとったので、内容など考えたこともなかった」と言いながらも、思った以上に前向きな考えを披露してくれました。

「生徒指導」とは非行に走った児童生徒を指導もしくは叱責し悔い改めさせる狭義の「生活指導」とは異なることは全員が納得しました。

「進路指導」とは、ちょっとでも世間体のよい学校に行かせるために対策を練る、こちらも目先のことだけにとらわれるのではないその子自身の未来に立ち向かわせる力をつける意味を持つものであること。だからこそ「その子の希望を尊重してやること」と明らかに自分の経験に根ざしたうえで考え話し合った結果

「生徒・進路指導とは、子どもの未来に展望を開くもの」という合意に至ったのです。

授業の初めに取り組んだ詩の音読は散々でした。なかなか声を出さないのです。打ち解ける事が先決かと体を動かすゲームを入れてもますます引いてしまいます。一人ひとりの名前を使ってアコースティックでの自己紹介を「大学通信」に載せ、それぞれに読んでもらってやっと2コマ目のクラスも空気が少しほぐれました。

授業開始時間の10分前には教室に行き、早く来ている学生とその日の化粧のできばえや服装、文房具の趣味について雑談するようにしました。大きな楽器を抱えて来ている音楽学部の学生が何を専攻しているかを聞くのは私の知らない世界で興味深いことでした。比較的経済的に恵まれていると見える学生にも負担は大きいようで、譜面代まで自前だという事には驚きました。音楽学部・楽器専攻の学生には力量面での悩みが言葉の端々に出て来て彼らなりの悩みがあるのがわかりました。

こういう個々の声を授業の中でどう出し合える時間にしていくか、彼らをつないでいく時間にするにはどうしたらいいかを考えるべきだと思いました。

3　参加型授業を模索して

私の小学校教師時代の実践について話をすると真剣に聞いてくれます。感想もそれなりに書いてくれるのですが、手をあげて意見を述べようとはしません。バイトが深夜に及ぶ学生もいて、疲れたようすでぎりぎり滑り込むなりたおれこむような学生も複数いました。話が続くと眠ってしまう学生もいます。

「先生の声がちょうど眠気を誘う声なんや」

と言われたらますますどうしようもありません。

自分の言葉だけで伝えようとするとほとんど伝わらないことを痛感した時期です。できるだけ学生の声を出させようと参加型の授業を取り入れるようにしました。

「コミュニケーション力応用編」の授業の時は、原発の是非について話し合いをさせました。学生は自分の知識がないことを悔しがり、一部の学生はマスコミの一方的な報道を鵜呑みにした発言を繰り返すばかりでしたが、他人の意見を聞いた上で自分の意見を修正していくことがコミュニケーション力の向上につながることを理解させるのも狙いでした。

また、特別支援を要する子どもを中心にした学級の実践を語った授業の後は、「つながることの意味」を考えさせました。前時に提出したコメントから抽出して、学生自身の特別支援を要する友達との体験をその学生自身に語らせながら授業を組み立てました。特別支援を要する子が苦手だったという学生は、彼らが次にどんな行動をするのか予測ができないことと、支援児に付き添う教師の言動に違和感を覚えたことを語ってくれました。話し合いの中で、支援を要する子に幼い頃から接していた学生とそうでない学生のちがいにも気づき、障害とは誰にとって障害なのか、障害を個性と捉えるのは是か非かの話し合いもできました。高度とは言えない内容でも、つたない話し方でも、一生懸命自分の言葉で話す友達の姿は新鮮に映ったようです。「人が話すなら自分も話したい」「大学生なら自分の意見を持ちたい」とコメントカードに書く学生が次々に出てきて、手ごたえを感じました。

４　子どもの権利条約の授業

「子どもに最上の環境を整える」立場で考える授業に「子どもの権利条約」（アムネスティ編『子どもによる子どものための権利条約』）を読むことは最初からシラバスで知らせていました。教師になった時、子どもの意見を大切にする視点は外せないものだからです。子どもはそれぞれが自分の思いを持っているという当たり前のことを忘れないためにも、ぜひ大学生といっしょに読みたいと考えていました。

前文（「まえおきのまえおき」と「ほんとのまえおき」）を印刷した小冊子をみんなで音読しました。中学生が訳した口語体の文章は学生の心にするりと入り込んだようでした。目次を読むだけでも条約の意図が明確になってくる文章になっています。目次から、一人ひとりが選んだ条文を自分で構成するミニ授業として取り組ませました。

最初に「子どもの権利条約」は、こどもがただ庇護されるだけの存在ではなく、子ども自身が大人に対して要求する権利を持っているというそれまでの子ども観を覆す考えを貫いて1989年、国連で採択されたことから説明しました。すると、学生たちは異口同音に、

「教えてもらっていない」

「こんな条約、あるのも知らなかった」

「こんなこと知っていたら、先生に「おまえら黙っとけ」と言われた時に言い返せたのに」

と悔しがる声をあげました。

国連子どもの権利委員会の勧告通り、周知義務を怠っているとしか思えない現実でした。

その中で岡本さんが選んだのは、第9条「お父さんお母さんとはいっしょにくらしたいんだ」でした。

これまで授業中に発言することもなく、シャイを絵に描いたような彼。低温でゆっくり条文を読みあげ、丁寧に板書しました。条文に対する自分なりの解釈を話し始めました。

「僕の両親は、僕が小学校4年の時離婚しました。僕はその時、なぜ、自分の気持ちを聞いてくれないのか、僕も言いたいことがあるのにと悔しかったことを覚えています」

教室は、彼の一言一言に耳を澄ました緊張の空気が流れました。

「質問や感想ありませんか」

話し終えて恥ずかしそうに教室のみんなを見渡す岡本さん。思いがけないことに次々に手が上がりました。

「私の両親も、私が中2の時離婚したのです。けれど、私の場合は、男性と女性の調停員の人が私の考えを聞いてくれました。岡本さんの場合、なぜ聞いてくれなかったのか疑問です」

「私の両親が離婚した時、妹が気持ちの切り替えができないでとても荒れたのを覚えています。わたしは、妹を見守ることしかできなくて辛かったです」

クラスのみんなが岡本さんの気持ちをしっかり受け止めて、自分の本音を次々に出し始めたのでした。

その日、岡本さんは、「前で話していたらいつの間にか話すつもりがなかったことまでしゃべってしまっていて、自分自身が驚いてしまった」とコメントカードに書きました。そして、通信に載ったみんなのコメントを読んで、自分が言いたかったことをみんなが理解して受け止めてくれたことがうれしかったと話してくれました。

これまでも「子どもの権利条約」を読むと、この条約の条文がのりうつるように自分の本音が出せるようになっていく子どもたちを見てきました。大人である大学生には、この条文の力が、生きることを語る力になっていくのだと思いました。ひとりひとりが発した言葉がつながって、自分の気持ちを受けとめてもらえる安心の空間になっていったのです。

大学生も小学生も、およそ人間は人とつながることで自分の存在価値を知るのだと改めて感じたひとこまでした。

三　大学講師としての2年目

1　小グループでの話し合い学習を基本に据えて

2年目の『生徒・進路指導論』の教室は、小さい教室で机移動も簡単な、小学校の教室みたいな空間を希望しました。必要に応じて簡単に机を移動させ、学生同士が顔を向かい合わせて話し合える授業をするためです。学務課に直接掛け合った時はあまりよい返事をいただけなかったのですが、ふたを開けると希望通りの教室に決まっておりとてもうれしかったです。

２０１２年度の受講生は2クラス80名あまり。この少人数なら名前を覚えることが可能です。家でレポートやコメントカードを読む時、学生の顔を思い出しながら授業時の様子や発言の内容にも思いを寄せることができます。

学生にとっても先生に名前で呼ばれることはうれしいことのようで、そのことを他大学の友人に自慢するそうです。授業時には先生が生徒を名前で呼ぶと言うと「信じられない」と言われたと笑いながら報告に来ました。

今年度は学生同士が自分を語ることでそれぞれの持ち味を発揮できるグループ活動を授業の中心に据えることにしました。オリエンテーションでは、「子どもの未来に展望を開く生徒・進路指導論」を展開すること。教育を学ぶことは、自分を見つめ、自分の生き方を豊かにしていくことにほかならないと伝え２０１２年度の授業が始まりました。

２　学生は何を学びたいのか

初めのアンケートで「リアルな体験談をいっぱい聞きたい」「マスコミからの情報と、現実の教育現場で抱えている問題のちがいを知りたい」「実際に教師になった時に役立つことをまなびたい」「教育とはどういうことか」「教師になるとはどういうことか」「自分自身が成長していきたい」等々たくさんの声が集まりました。

学生たちはマスコミから受け取るさまざまな教育現場の問題を心配しつつ、そんな事が本当に起こっていのか知りたがっていました。「登校拒否」の子どもや「いじめ」「虐待」に出会った時、自分が立ち向かえるのかを怖れ真剣に悩んでいました。それと同時に、自分自身も人間として成長しなければ教師として子どもの前には立てそうもないという思いも持っていました。

教職課程の単位は取っても、なかなか教育の現場に就職しない学生が多いと聞いていました。実際、最初から「教師になんかならない」と公言している学生もいましたし、「教師になんかなれない」と言う学生もいました。そういう学生にも本気で討論に参加してほしいし、その学生ならではの能力を発揮できる授業にしたいと思いました。せっかく出会って同じ場で過ごすのです。それぞれの力がそれぞれを高め合える時間になればどんなに有意義な時間になるでしょう。

昨年も感じたことですがこの大学には、自分自身が不登校を経験した学生やいじめの被害者になってしまった等、さまざまな葛藤を経ている学生が多くいました。話し合う中で自分の小中学時代に体験した事こそがそれだったと思い出す学生もいました。学生たちはいい意味で既成概念にとらわれず「こうあらねばならない」という考えにこりかたまっていない自由さがあったように思います。体験談は実に豊富で多彩でした。

ところが自分たちの小・中学時代の学級崩壊を話し合う中で、当時は傍観者でいたつもりの学生も少なからず自分も荷担していた事実に行き当たります。そして次の段階では、自分は思い出の一部として語り、ほかの人の話はただの体験談として聞いていたのに、実は自分が教師になった時は逆の立場だと気づいていきました。学生たちは戦慄し、自分がクラスを作る責任者としての立場を自覚していくのです。

そこで、学生たちは自分が教師になった時、どんなクラスをつくりたいのかを考え話し合いました。たとえば「このクラスが好きだ」「このクラスが楽しい」と感じてもらえるクラスづくりに一役買える授業をつくり出すための話し合いに取り組むことになったのです。すなわち「つながりを感じられる授業づくり」こそが今必要だと気付いたのです。

3　「子どもたちの未来に展望を開く」模擬授業に取り組む

学生たちの行う模擬授業は『つながる』をキーポイントに30分間の授業を考えます。目標と授業の展開を班で考え、役割分担をし、指導案を書きます。90％が2回生でしたから授業案を考えるのは初めての人がほとんどでした。コメントカードには「学級崩壊の話を聞いたばかりで動揺しているのに自分が授業するなんて無理」「どう考えたらいいのかわからない」「大変だ」「難しい」というコメントが並びました。

しかし頭を付き合わせて話し合うことで次々にナイスアイデアが生まれてきました。学生同士が「つながる」ことで刺激し合いユニークで大胆な発想がわき出てくるようでした。まさに子どもたちをつなげる授業を考えることで学生たち自身がよりつながっていく取り組みでした。何でも話せる、話し合う時間を保障することで、学生の持っている力が存分に発揮されたと思います。

２クラス、全部で12グループの考えた模擬授業は、それぞれの班が、「子どもたちをつなぐ」ことに重点を置いて考えた取り組みです。

「変形自己紹介」や「名前覚えゲーム」の模擬授業の結末は、週に一度しか出会わない仲間を全員、名前で呼ぶことができるようになるという感動的な授業でした。ロールプレイングの班には問題提起の斬新さに目から鱗の気分にさせられ、学生の柔軟な思考に脱帽でした。それぞれの班の小物の準備や衣装や小道具への小さなこだわりがほほえましく、どの授業でも温かい気持ちに満たされました。そんな中で学生がひとつ授業を体験するごとに学んでいく様子は、私が百語るよりも多くを学んでいったと言えると思います。

四　学生の模擬授業

１　一番最初は「フルーツバスケット」!?

一番最初にやると名乗りをあげた班の授業は、『フルーツバスケット』。えっ？それだけ？　喉まで出かかった言葉を飲み込み、学生の自主性を尊重することを第一にしました。しかし班員の役割分担もできていない中で見切り発車的に始まってしまったのも心配でした。

ところが中心的役割の中川さんが話し始めたとたん、みんな惹きつけられてしまったのがわかりました。いつものちゃらんぽらんな様子とは打って変わって堂に入った落ち着いた語りかけで、丁寧にゲームの説明をし始めたのです。声の出し方や大きさ、スピード、目線が「本当の先生みたいだった」という評価を得、学生は「先生の話し方が大切」だと学びました。

しかし案の定、途中で班員が黒板の前で相談を始めるという事態に陥り、「生徒役が学生だったから苦笑して待っていたけど、小学校4年生では絶対にぐちゃぐちゃになってしまう」という感想が出ました。この状態を学生の言葉では「ぐだる」というのだそうです。このことがあって、これ以降の模擬授業に「ぐだる」ことだけは避けなければという雰囲気が生まれたのも収穫です。「ぐだる」ことを避けるのは、授業計画を綿密にし、班員の役割を明確にすることだと理解できた一幕でした。

しかし、『フルーツバスケット』自体はとても楽しく、自分たちが考えた授業を自分たちでやっているという時間がとても開放感があり、学生の距離がぐんと近づいた感ができたのも事実です。

この後、時間外に集まって授業案を練る学生の姿がよく見られるようになりました。学生はどんなことからも学ぶことができるのだと改めて納得したひとこまでした。

2　模擬授業例その2
——音楽は心をつなぐとわかった

今年の2校時受講者は30中26人、4校時は33人中31人までが音楽学部在籍でした。授業を考える時、自分の得意な分野でできることを基本にするとやりやすいとアドバイスしました。すると3つの班が音楽を題材に選んできました。

望田さんの班は合唱「Ｂｅｌｉｅｖｅ」を教える授業を組み立ててきました。私も小学校で、音楽会の練習の過程で子どもたちの本音が出て、力を合わせる喜びに目覚める子どもたちを見てきたものです。合奏や合唱は練習の成果が自分たちにわかりやすい利点があります。一生懸命取り組む姿勢を評価してもらう機会も多く満足度も高くなります。

授業は三部に分けて部分練習させる担当と伴奏担当に分かれ、手際よく進みました。音楽科・演奏コースピアノ科在籍の高崎さんの伴奏はすばらしくて、あっという間に3部合唱が完成してしまったのです。あまりに早く文句のない合唱に仕上がったものだから、授業者の方から「さくさく進みすぎた。次のことを考えておけばよかった」という反省が出る始末。それほど澄み切った歌声は感動的で、みんなの心に爽やかな風を吹かせてくれました。みんなで作りあげた「Ｂｅｌｉｅｖｅ」がクラスの信頼感を深めました。鷲見さんが「最後の授業の時この歌を歌いたい」とコメントに書いたのが心に残ります。

もう一つ、大迫さんの班はカラー分けのゲームを楽しんだ後、男声でパーカッション部分が入る三部合唱「ゴージャスなサザエさん（学生の弁）」を仕上げました。同じ班の服部さんは「準備は大変でも、子どもたちの楽しそうな姿を見るとぜんぶ忘れて、またやろうと思うから、授業ってできるんだ」と感想を書きました。そして「いっしょに何かひとつのことをやりとげるというのは『つながり』へ大きく一歩踏み出せる」「歌っているだけで心が通った気がした」と、授業をした方も受けた方も授業の神髄に触れたようでした。

３　模擬授業例その３
――言葉でなくトーンチャイムでつながる

富山さんの班は『トーンチャイム』を使っての授業でした。富山さんは音楽科・音楽療法専攻の学生で、自分自身も中１から中２の２年間いじめに遭った経験があるそうです。クラスの大部分の男子生徒が運動部なのに彼が吹奏楽部だったということで「女たらし」「なよい」と言われ、無視されたり、何か言ったり行動するとはやし立てられ、実際に殴られたり蹴られたりもしていたそうです。二人がかりでぼこぼこにされた時、当時の担任が「いじめ」ではなく「けんか」として教育委員会に報告したいのが見え見えだったという話をしてくれました。授業で用いた『トーンチャイム』という楽器を私は初めて知りました。長さ40㎝ほどの筒状の楽器を振ると、柔らかいチャイム音が響いてきます。それぞれが音階を持っているのでメロディも奏でることができます。

授業はきちんと構成されていました。まず、ゲームに必要なグループ分けはボランティア活動でキャンプのゲーム指導なども経験している富山さんが『猛獣狩りに行こうよ』を使って行いました。ここですっかり和やかな雰囲気ができたのはいうまでもありません。

グループ分けの後、トーンチャイムの特性を説明する者、ゲーム自体の説明をする者、ゲームを進行する者、授業後の皆への感想を求め狙いを確認するもの者と班員の役割も完璧に分担されていました。『トーンチャイム』の音色を聞くだけでも癒やされるのですが、言葉ではなく、トーンチャイムを相手に向けて鳴らすことで次々につながりが生まれるのが狙いだそうです。チャイムを鳴らした人の方を一斉に向くみんなの顔が穏やかで、素敵な時間を共有できたと思います。5回生の三国さんは「この班でみんなで考えて授業ができたことが本当にうれしかった」と感想を書きました。「準備の段階で何度も話し合った時間こそが貴重だった」という感想を言葉に詰まりながら話しました。

学生たちは、

○　授業を進める者が楽しそうであったり熱意があったりなおかつ話していることがわかりやすいと、ついていきたくなる。教師も生徒といっしょに達成できた喜びを感じられるのだと思う。

○　一回の授業の可能性というのをすごく感じることができた。どうすれば楽しくなるか、どうすればクラスが繋がることができるか…自分たちが一生懸命考えた分、生徒たちが喜んでくれたらすごくうれしいし、繋がりを感じることができたらこの授業を考えてよかったと思えることができる。教師はそれがうれしいから生徒のためにたくさん考えて授業をしているのかなと思った。

と、完璧に教師側の立場として授業を捉えるようになってきました。

4　模擬授業例その4
――学級崩壊してしまったら①

一班は女子ばかりの班です。授業の相談の間中、自分の経験した学級崩壊やいじめの話ばかりをしていました。木陰さんは毎週出身中学校のブラスバンド部指導をしているので、目の前の中学生からも真新しい情報を得ることができるようです。

斎藤さんは小学校6年の時、クラスの男の子のいじめに荷担してきたという思いを抱えています。卒業を間近に控えたある日、その子がクラス全員の前で「僕は自分以外の人を空気だと思ってこの一年耐えてきた」と話したそうです。その時初めて罪悪感を感じたのを覚えているというのです。

その二人を中心に仕上げた授業は、ある中学校2年4組、音楽の時間、遅れてやってきた突っ張りの子に手を焼く教師という舞台設定で、台詞はすべてアドリブです。全員の意思疎通がきちんとなされていないとできない劇です。目標は「全員が参加してくれる授業」です。

舞台は教室の真ん前ど真ん中の机。クラスのみんなが見ている中で劇が始まりました。遅れてきたヤンキーこと木陰さんが反抗的な言動を繰り返し、先生役の真部さんが立ち往生をしてしまったところで、突然ほかの班に問いかけてきました。

「こういう場合どうしたらいいと思いますか？」

ほかの班は頭を寄せ合って解決策を考えます。その答えを参考に劇を進めていくという展開には「こんなやり方があったのか」と新鮮な感動を覚えました。学生の柔軟な思考に脱帽です。

劇は新任の先生がヤンキーを授業に参加させようと孤軍奮闘していますが、ああ言っては無視され、こう言っては反抗されて、今にも泣き出しそうで見ている方もはらはらしてしまう展開です。まわりのクラスメートはそれぞれに笛を吹いたりおしゃべりしたり勝手し放題の様子です。なにしろ、劇であって劇ではない、すべてアドリブの世界です。と、それまで我関せずで遊んでいた須藤さんが思いついたように振り向きざまに言いました。

「木陰さん、この曲好きだと前言ってたやん。いっしょにやろう」

木陰さんの頬がわずかに緩んだかと思うと、スイと授業に入ることができたではありませんか。登場人物同士の心がつながった瞬間です。

授業後の反省で、「こんなにうまく行くことはなかなかないと思いますが、目標の『全員が参加してくれる授業』を目指してあきらめずにやっていきたい」というのが班員の言葉でした。

この班は、どの子も見捨てないクラスを作っていこうとしていました。反抗されても、きつい言葉ひとつ出すでなく一生懸命その子のことを案じる教師がいました。そのことがほかの生徒に伝わりあの発言になったのだと思います。途中、授業を乱している側の木陰さんが「音程狂ってる」とぼそっとつぶやいた言葉に、心は参加しているという事実に気づけるチャンスがあったこと、そして、学校に来るのは仲間を求めているのだから、どんな言動を取ろうが、仲間として受け入れていく気持ちを持ち、クラスのつながりが見えるいい授業だったと伝えました。

5　模擬授業例その5 ——学級崩壊してしまったら②

授業ごとに新鮮な感動を覚える学生の模擬授業中は、病休以外の欠席はほとんどなく、どの時間のコメントも「よかった」を連発。居眠りをする学生も皆無でした。さすが大学生と思うのは、前回の学びが必ず次に生かされていることでした。声のトーンや速度、視線の配り方、役割分担、授業の進め方などどれも次々によくなっていくのは驚きでした。

最後の授業は吉川さんの班「ロール・プレイング『4年2組』」でした。模擬授業の順番を決める時、

「後からやる班ほど、みんなのいいところを学んで、どんどんよくなっていくものですよ」

というプレッシャーは、どの班にとってもいい責任感につながっていきました。何より失敗も成功もエキスとして取り込み発展させているのが、授業案にもその中の発問一つ一つにも生かされています。

木曜日は3校時目がキャンパスタイムとして、ほかの講義を一切入れない時間帯として空いています。この時間を利用して、模擬授業の計画や練習をする姿があたりまえのようになってきました。

吉川さん自身、やはり辛い体験を話してくれた学生です。その吉川さん、授業前週に6ページにわたる台本を書いてきました。話し合いをしている時のメンバーの楽しそうな顔。台湾からの留学生、まじめな三

回生鞘さんが校長役、寺本さんが新任先生役、学級崩壊の原因を作る伊藤君役伊藤さんです。当日もキャンパスタイムから練習していたようで、

「先生、ちょっと待って、もう少しやりたい」

と教室に入ろうとする私を制止してまでクライマックスの練習に余念がありませんでした。

模擬授業を台本（抜粋）に沿って見ていきたいと思います。

〈台本〉シーン①4年2組教室

校長に伴われた寺本先生、張りきって登場。授業を進めようとするが、伊藤君の行動はエスカレートするばかり。まわりの子どもも影響されてざわつき始め、しまいに紙飛行機を先生に向けて飛ばし始める。寺本先生が辛抱強く声をかけるが、伊藤君は一向授業に集中できず、怒った寺本先生とうとう教室を出て行ってしまう。

《ここでみんなに質問》

なぜ伊藤君はあんなことをしたんだと思う？」

「伊藤君の乱暴を止めようとした船越さんはどんな気持ちだったかな？」

「寺本先生はなぜ出て行ったのかな？どんな気持ちだったかな？」

各班から出た意見をを板書して行く班員。小学校の授業として構成しているので、発問も小学生向けになっています。場面変わって、

〈台本〉シーン②職員室での校長と寺本先生

授業時間中にどうしたと問い詰める校長、昨年の先生も伊藤君のことが原因で辞めたことを話し、「寺本先生がしっかりしてくれないと、S小学校の入学率が落ちます。」と最後通牒。寺本先生、ますます落ち込む。

《ここでみんなに質問》

「みんなは今、寺本先生がどんな気持ちだと思う？」

「寺本先生は、どうしたらうまくいくと思う？」

安藤先生登場

〈台本〉シーン③職員室での安藤先生と寺本先生

〈悩んでいる寺本先生に安藤先生が近づく〉

安藤先生「寺本先生、大丈夫？」

寺本先生「あ、安藤先生、私、どうしたらいいか……

寺本先生は、伊藤君にきらわれていると思うと話すが、安藤先生は、きっぱり否定。

安藤先生「伊藤君はきっと、何か先生に知ってほしい、聞いてほしいことがあったのよ。先生のことがきらいだったら、関わろうともしないはずよ。子どもって、言いたいことがあっても素直に言えない時があるの。そんな時はがんばって心の中にしまい込もうとする。でもがまんできなくなって、それを誰かに気づいてほしい、僕のことを見てほしいって、つい目立った行動に出ちゃうの。寺本先生は、伊藤君をちゃんと知ってる？」

寺本先生「ちゃんとっていうのは？」

安藤先生「伊藤君はどんなことをするのが好きで、こんなよい面をもっていて、でもここからがんばらないといけないところで。伊藤君を今日の行動だけで判断してはいけないわ。彼の全部を見てあげてほしいの。伊藤君、寺本先生が来るのとっても楽しみにしていたのよ。」

学生の模擬授業だということを忘れるほど臨場感のある場面でした。

子どもの気持ちをさまざまな角度から見ていく余裕があり、愛情あふれる言葉です。さらに最後の一言が寺本先生をどれほど勇気付けることになるか。みんなで聞き入ってしまった一時でした。

この安藤さん演じる安藤先生がまた素敵でした。柔らかい物腰、暖かみのある声、決められた台詞を言って演技だとわかっているのに、こんな先生になってみたいと思わせる天性のものを持っていました。

安藤先生のような先輩のいる学校なら寺本先生もやっていけると思わせるに十分で、安藤先生のアドバイスを真摯に受け止める寺本先生にも好感が持てるいい場面でした。

シーン④で伊藤君と向き合って話を聞く寺本先生。シーン⑤では気持ちを切り替えた寺本先生の授業中、張りきって発言する伊藤君の姿が見えた希望あふれるストーリーでした。

学生は、「このロールプレイングは、先生が授業で伝えてこられたことがぎゅっと詰まっていたと思います。反抗してしまうのは？ほかの児童の気持ちは？先生の気持ちは？とそれぞれの立場で考えることができ、これまでの授業の総復習となったと思います」とコメントカードに書いています。

五　模擬授業を終えて、「子どもの権利条約」へ

1　つながる力は言葉の力

学生たちは授業の中で、私の期待と予想以上に能動的に友達とつながっていきました。学生は「模擬授業が始まる前と今日とでは、クラスの雰囲気がとても変わったと思います。学部や学科のちがう人たちと、こんなにも話し合ったり、笑いあったりする日が来るとは思いもしませんでした」と感想を書いています。

教室の子どもたちをつなぐ目的で考えた模擬授業は、それを実行した学生たち自身をもつなげることになったと実感してくれました。それはただいっしょに過ごす時間が共有されただけでなく、一から授業を考え創る経験を通して、ああでもないこうでもないと自由に意見を出し合える快さを感じたからだと思います。自分自身の体験を掘り起こし、言葉で語ることと、その言葉を受け取ってくれる仲間の存在を信じることができたのです。そして同じ仲間の学びを生かして次へ進む民主的な授業の根本をも体験し、体現してくれました。

授業の中で学生たちは、子どもどうしがつながる事で発揮するパワーを実体験し、教師も仲間と支え合うことによって初めて前向きな仕事ができるということを学んでくれました。そこで一番大切なものは「言葉の持つ力」であることも実感したことと思います。

ただ、学生たちの模擬授業の中に、今日の学校の抱

える問題の中でもっとも根が深い「いじめ」と「虐待」に関するものがありませんでした。

私の講義での「いじめ」や「虐待」の話は、「それを乗り越えて子どもたちがつながった」というめでたしめでたしの実践報告に終始してしまい、学生たちの思いを掘り起こし充分に語らせるという授業になっていなかったからだと思います。同時に、私の力量不足も相まって、社会と切り結んでいくという能動的な学びにつないでいくことができず、学生たちにも自分の経験の域を出ないものになってしまったと思います。

２　「子どもの権利条約」のグループ学習へ

子どもが子どもである事さえ否定されそうな受難の時代に、わざわざ子どもに関わる仕事を選ぼうとしている学生たちです。『大学講師の会』でも常々、「社会に出る最後の学びに関わる私たちにできることは何か」ということを意識して取り組むことが話されていました。

模擬授業の次は今年も『子どもの権利条約』の授業をすることにしていました。

「20世紀末『子どもの権利条約』の採択と批准は、この世紀が子どもに贈った最高の贈り物と言えるかもしれない。そして、『子どもの人権』を広く確認したこの営みは、単に子どもの実生活を守るという現実的効果に奉仕するだけでなく、子ども観や家族観、ひいては、近代的人間観の更改を促す出来事として革命的とも言い得よう」（本田和子『子どもの１００年のエポック』２００年、フレーベル館）と期待し迎えたこの条約は、国連子どもの権利委員会から日本政府への再三の勧告も無視され今に至っています。今の教育の矛盾点は『子どもの権利条約』を身のまわりの出来事と関連づけていくことで浮かび上がってくると考えました。そこで模擬授業でつながった学生のネットワークを基礎に班ごとの条文を読み話し合わせることから始めました。学生たちは、少しずつ社会に眼を向け始めたと思います。

「第2条　だから差別なんてダメなんだってば」を選んだ班は、子どもの頃「校区の西の方には遊びに行くな」と言われていた事を思い出しました。何も思わず受け入れてしまう子どもの心に大人が刷りこむ差別意識に注目した発表でした。

「第19条　親から痛い目に、ひどい目にあわされるなんて」を選んだ班と同じく、「子どもが子どもとして生きていく権利」に気付いていきました。そして、この班は厚生労働省の「地域子育て支援」について調べ、「オレンジリボン運動（子ども虐待防止を訴える運動）」を見つけ地域に眼を向けるようになりました。

「第24条　心と体にいっちばんいいこと」を選んだ班は、「ほかの国の子どもがどんなことで苦しんでいるか教えてもらう機会があるといい。今までそんなことを教えてもらわなかったから」と言い、「ポリオワクチンの確保にペットボトルのふた800個が有効だ」ということを調べてきました。そして「ほかの国のことと思わず協力していきたい」と結びました。

「第６条　いのちのこと」で、シリアの独裁政権に対する内戦の悲惨さやアフリカの少年兵のことを調べて世界に眼を向けました。

「第38条　戦争なんておきてほしくないんだけど」では、アフガニスタンへのソ連侵攻を調べて「算数の文章題に、殺したロシア兵の人数を求めることや、カラシニコフの数を足し算や引き算に使うことに驚いた」と戦慄の表情をみんなに向けました。

ピース・パックボランティア（難民に文房具を贈る会）でボランティアをしている学生は、入れてはならない文房具のひとつに「ボール」があると話しました。私も初めて聞くことです。いぶかる教室の仲間に向けて彼女は「子どもがボールを追ってどんな弾みで地雷原に踏み入ってしまうかわからないから」と説明しました。教室中が重っくるしい空気に包まれました。国境を越えた連帯の必要性に気付いたと思います。

「第12条　ぼくらだっていいたいことがある」は、それまでの「子どもは守られるべき弱者」という立場から「権利主体」として認められるようになった重要な条項です。この班の考えは明確でした。「大人は子どもの意見を見過ごしている」と「大津のいじめ事件」を例にあげて話しました。そして「大人が教えこむだけの教育はまちがっていて本当の教育とは言えない」と結論づけました。人の中身は人と人との関わりの中で生まれてくる、すなわち人と人との、それが大人と子どもであっても言葉のキャッチボールが成り立ってこそつながることができるのだと力説し、クラスのみんなを頷かせていました。

「第13条　どうやって伝えてもいいんだ」を選んだ班も、「否定的に、子どもの意見はわがままととらえられることが多いが、子どもの意見も人間の意見なのだ」とまとめました。

この条約の「子どもを権利主体としてみる」考えを、自分たちの体験から理解していく過程が見えました。

学生たちはいろいろな切り口で調べてきましたが、具体的に踏み出し行動するところまで至りませんでした。しかし、知って考えをみんなに伝えることはできました。社会に出て行った時に何らかの行動のきっかけになってくれると思います。

3　「子どもの権利条約」を具体化していく中でこそ

初めて「子どもの権利条約」の前文を読んだ小学生たちは、「子どもでも『やっていいこと』がこんなにあるとは知らなかった」と眼を輝かせます。そして、「大人が、こんなに子どものことを考えてくれているとわかってうれしい」と言います。「子どもの権利条約」に触れた学生たちも「もっと早く知りたかった」「学校こそが『子どもの権利条約』を伝える場所だ」と認識していきます。

今、子どもたちは現代社会での生きにくさを大人以上に感じ、もがいています。そんな子どもの本音を聴くことができ、想像できる資質こそ今の学校・教師に必要です。この大学には、自分自身が不登校やいじめを経験した学生が多く在籍しています。掛け持ちのバイト生活に疲れはてて授業に出てこられなくなる学生や、卒業時の奨学金の返済額が700万円を超えるのだと自嘲的に話した学生もいました。しかし、彼らは、純粋に事実から学ぼうとする姿勢と柔軟性があります。それこそ今の若者に必要とされている資質、科学的な学びと言えるのではないでしょうか。

そんな彼らだからこそ、今の子どもたちの生きづらさにごく自然に寄り添えるのではないかと思います。「大切なのは、自分が傷つかないことでなく、傷ついてしまってもそこからどう回復していくかだと思う」と書いた学生もいました。子どもの痛みがわかる大人として子どもの前に立てる人、人とつながることが喜びである人がひとりでも多く教師になってほしいと願った2年間でした。

おわりに――つながりがあってこそ

この2年間で、学生たちは、実に生き生きと学生生活を謳歌していることに気付きました。それと同時に、自分たちは、ゆとり世代で損をしているとか、この大学で勉強していることはちょっと恥ずかしいと思っていた学生たちが、どっこい、すばらしい才能を秘めていて、人間としての値打ちを、若い体いっぱいに持ち合わせているのもわかりました。人のことを思いやり、自分の弱さもさらけ出せる関係とは何と心地いいのでしょう。

『大学講師の会』ではほかの先生方のさまざまな工夫や先生方の持ち味を直に学ぶことができます。ここで学ぶことで自分のやれることを見つけ出し、少しずつそれらを取り入れながら授業を組み立てていきました。

それは、小学校教師1年目、何をしていいかわからず頭を抱えていた時、同学年の先生に悩みを聞いてもらいながら研究会に連れて行ってもらっては学んで乗り切ったのと同じ体験でした。

勤務した大学には『大学講師の会』の先生が5人もいて、いただくレジュメは学生理解になくてはならないものでした。共通の学生のことで話せる人がいるのといないのとでは学生理解に大きな開きがあります。小学校教員時代と同じような子ども理解に必要不可欠なつながりが大学でも継続できたことは大きな力になりました。

中でも毎週同じ曜日に講師控え室でいっしょに昼食

とコーヒーブレイクタイムを取ることができる先生には、授業の一部始終を聞いてもらえました。

学生の反応や「ああすればよかった」「こうしなければよかった」と反省だらけの授業報告の中で、必ずひとつはいい点を見つけてくださり、そのつど最後に言ってくれる「それでよかったんちゃう？」の一言でどれだけ心丈夫になったか言いつくせません。

学生の孤立が心配で、彼らをつなげるために構成した授業で、当然のように自分自身をもつながりに力を得ていたのです。

大学講師をしたことで、義務教育の中で培うものは、「人は、人といかにしてつながるか」ということを、まわり道でもいいからさまざまな体験を通して考えさせるだけでいいのではないかと思えるようになりました。競争なんていらないから、人が幸せなことが自分の幸せと言い切れる人格を追求する。その中で子どもは人間らしく成長していくのだと、あらためて学生たちから教えてもらったような気がします。自分を語ることでしか自分を開くことはできないし、自分を開くことでしか人とつながることはできないのです。

それはとりもなおさず、学生自身が、これまでに生きてきた時間をしっかり体の中に蓄え醸造し自分の血肉として育ててきている証のように思います。

春まで小学校教師だった私が、失敗しながらも自分の過去の仕事を再確認でき、また現場の教師たちに「あなたたちの育てた子どもたちは人間らしく育っている」とエールを送ることができるうれしい体験になっていることを最後に伝えたいと思います。

第5章

学生が求めているものは何か
――大学の講義で「クラス」としての空気ができていた

金子　光夫

一　私の目を見てくる　反応を求めてくる

2012年度後期のクラスは35名というこれまでにはなかった少人数クラスが編成されました。開講当初は反応の少ないクラスでしたが、講義の回を重ねるごとに乗りもよくなっていきました。14回目の講義（学生が行う模擬授業「学級じまいの学活」）は、たいへん盛り上がり、「翼をください」の全員合唱で締めくくることができました。全15回の講義を終えての感想に次のようなものが書かれてありました。

○大学の講義のほとんどは、ただ黙って座っていればＯＫ。大講義室などでの大勢で受ける授業なんてとくに私が出席していようが欠席していようが、遅刻してこようが、先生にはたいした問題じゃない。……（中略）小・中・高でこれまで行っていた学校と、大学の大きな違いでした。最初はそれがなんとなく寂しかったけれど、慣れてしまえば楽でした。先生にも知られていない、隣の席の人にも知られていない、もちろん私も知らない。とても楽です。でも、この講義では、先生が私の目を見てくる。関わろうとしてくる。反応を求めてくる。グループワークがある。隣の人と話さなければならない。大学の講義に慣れてしまっていたので、最初はこの講義のことを「少しめんどくさいの、取ってしまったなぁ」と思っていました。でも、講義を受けていくごとに、先生との関係や仲間との関係も深まり、なんだか大学生になる前みたいな……なつかしい気さえしました。今日で終わりですが、寂しいと感じている自分がいます。

大学で講義を担当するようになり6年目になりますが、ほかにも学生からの反応に驚く事がいくつかありました。

「大学の講義でもこのようなものがあったのか」
「久しぶりに集中して話を聞くことができでした」

などの反応です。特別なことはしていないいつもりなので、中学校の教員をしてきた私にとっては意外な反応なのです。いったいこの反応は何なのだろうか。小中学校の教員が行う大学の授業の中に、これまでの大学の講義では感じられない何かがあるのかもしれないと考えたのです。

以下、永らく中学校での教育活動に携わってきた教員が、どのように大学の講義を組み立てたか、またその中でどのような学生たちの反応があったかを記録してみました。そして、さらに現代の学生が求めているものは何なのか、限られた範囲ではありますが、見えてきたことをまとめてみました。

二　講義の中で学生とどうつながるか

1　班編成と座席の決定

はじめて講義のために大学へ行ったときのことです。担当の教授から「授業中、学生のおしゃべりが多いと思いますが、ひどい場合は退室させてください」という説明をうけました。最近では、大学の講義もたいへんであるという話を聞いてはいましたが、実際にそうなのかと驚いてしまったのです。実際に講義を参観させてもらうと、確かにおしゃべりがなかなかやまないのです。学生の様子を観察すると、１５０名規模の教室の後方に固まって着席しています。仲のよいもの同士で固まって座っているようなのです。

私の講義では最初に班編成を必ず行うことにしています。前半の理論編ではアトランダムに6人一組の班を編成し、模擬授業編では、男女の構成を考慮して抽選で編成します。当然、学生の座席は固定ということになります。座席表も作成します。私は生徒の名前を覚えるのが苦手で、70名～80名の学生の顔と名前を一致させるのにはたいへん苦労するからです。

「小中学生でもあるまいし、大学生を相手に班をつくるなんて」と思うかもしれません。私も当初は「絶対に学生から反発される」と思っていました。しかし、意外にもそうではなかったのです。むしろ大学生も班での討議や取り組みを求めているということがわかったのです。学生の感想をみても「班を分ける方法が初めてで、とても興味深くおもしろかったです」「知らない人といっしょに授業を受けたことで、いつもより集中できたように感じます」などのように、肯定的な意見がほとんどだったのです。「もっと前の方で講義を受けたいのに、座席がうしろになってしまった」という意見もないではなかったのですが、黒板が見づらい場合は、座席を変更するなどの処置をとることで対処しています。とにかく、これまでの講義で１０００人を超える学生を担当してきましたが、おしゃべりが多くて困ったということは、いまのところ一度も経験していません。

２　特別活動論／理論編の授業構成

私の担当する講義科目は「特別活動論」です。「特別活動」は１９８９年から教師の養成・免許・研修のしくみが大きく変えられ、教科外活動関連の科目として必修化されています。15回の講義の流れは資料１のようになっており、大きくは前半の理論編と後半の模擬授業編（実技）に大別されます。

（1）学習指導要領と「特別活動」

授業では、まず教科外活動（「特別活動」）の歴史的な大きな流れを取りあげます。戦前、天皇を神格化させるために教育がどのような役割をはたしたか、その中で儀式的行事（特別活動に該当）がいかに重視されたかを明らかにします。戦前の教育の実態など、まったく知らない学生から「皇民化教育の実態を知ることで、国民を天皇への忠誠へと向かわせていた中で、儀式（現在の特別活動）が精神面で非常に大きな影響を与えていると感じました」などの感想が寄せられま

資料１　「特別活動論」／15回の授業の流れ

■第1回／受講生の決定と授業計画の説明

・希望者の中で2回生以上を優先し、１回生の中で抽選をする（定員７２名）

■第２回／戦前の教科外活動と皇民化教育

①班の編成と座席の決定　②特別活動の教育課程の中での位置づけ。

③戦前の教科外活動

・中等学校の修学旅行・遠足／兵式体操の実地訓練　小学校の運動会／隊列運動

・行事・儀式の定型化

・皇民化教育とは

■第３回／戦後　学習指導要領の変遷と教科外活動（特別活動）

・学習指導要領の変遷の要点を大きく把握する。

・改訂に至る政治的背景について／学力低下問題の流れについて。

・今回（2008年）の改訂での授業時間数の増大で学力低下問題は解決するのか。

■第４回／特別活動の変遷

・マンガ「蛍雪時代」（矢口高雄著）に見られる50年代の特別活動（生徒会活動）

・現代の特別活動（生徒会活動）はどうなっているか。

・自分自身がこれまで体験してきた生徒会活動について班で交流する。（班討議）

■第５回／本来の学校とは

「学級づくりのための３つのアドバイス」

①　教育にとって最も大切にすべきことは信頼である。

②　怒らないで指導する　③　子どもと遊ぶ

■第６回／生徒会活動の進め方

「教育とは希望を育てること」

①　子どもをはげます。②　子どもの要求を受け止める。

「学年生徒会の実践から」

①　学年委員会は要望します「ジャージで神戸に行きたくない」

②　自治とは

■第７回／学級活動指導マニュアル／模擬授業に向けて

①「学級の扉を開く日」／学級びらきの企画

②朝の会・帰りの会の進め方

■第８回／班替えと模擬授業のテーマ決定

・模擬授業のルール説明。班ごとに模擬授業のテーマ決定（後述）

■第９～14回／模擬授業

・班ごとにテーマに従い模擬授業を実施する。

■第15回／これまでの講義の補足と試験

す。

戦後の流れでは、学習指導要領の変遷とその中での特別活動の位置づけの変化を取りあげます。１９５０年代の生徒会活動と自分たちが体験してきた生徒会活動との対比で、生徒会活動が本来どうあるべきなのかを議論し考察します。

１９５０年代の生徒会活動を描いたマンガに「矢口高雄作・蛍雪時代」がありその中では、生徒会が中心になって盆踊り大会を成功させるなど、生き生きとした中学生の教科外活動が描かれています。そのような活発な生徒会活動が展開された背景には、教師側に生徒を主役とする思想があり、生徒たちもさまざまな創意性を発揮しているのです。また、矢口さんのような活発な生徒会活動が展開された背景には、１９５１年改訂の学習指導要領があり、その中では、特別教育活動（特別活動）について次のような記述があります。

「教科の学習においても、『なすことによって学ぶ』という原則は、きわめて重要であり、実際にそれが行われねばならないが、とくに特別教育活動はこの原則を強く貫くものである。特別教育活動は、生徒たち自身の手で計画され、組織され、実行され、かつ評価されねばならない。もちろん、教師の指導もおおいに必要ではあるが、それはいつも最小限にとどめるべきである。」（学習指導要領一般編〔特別教育活動の設けられた理由〕、昭和26年改訂、文部省）

○　今日の授業でもっとも驚いたのは、１９５０年代の生徒会の活動力だった。自分の知っていた「生徒会」とはまるで違うものだった。このマンガのような学校がこの時代に多くあったのか、またなぜそのような生徒会の活動が今日では学校の下請け的存在になっているのか興味をもった。

このように、現代の生徒会活動を経験してきた学生たちにとっては、矢口さんたちの生徒会活動には少なからず衝撃を受けているのが伺われます。

一方、現行の学習指導要領における生徒会活動の位置づけはどうなっているでしょうか。２００８年改訂の学習指導要領第５章「特別活動」では、生徒会活動について「生徒の諸活動についての連絡調整」「学校行事への協力」などと記述されています。全国的にみると、活発な生徒の自治活動が展開されている学校が存在しないことはありませんが、残念ながら多くの学校において、生徒会はほぼ「学校の下請け機関」になってしまっているのが現状であると言わざるを得ないのです。

(2) 授業への準備／具体的・視覚的教材を用意する

講義にあたっては具体的な資料・教材を準備するよう心がけています。特別活動とはどのような領域なのかを説明するための講義では、導入として私の教室に掲示してあった「時間割表」を見せ、「どこに特別活動がありますか」との質問から切り出します。「総合的学習」や「選択教科」を特別活動と理解している学生が多いのです。教育課程の構成を図解したものを黒板に掲示して講義をすすめます。

○ 戦前教育や戦後教育については、今回は少し違う感覚で受けることができた。それは、視覚でとらえられるものが多かったからだと思う。今までこの分野の授業で、実際の時間割や写真を用いて授業をされる教授はいなかった。しかし、今回の授業ではそれがあったため、すごくイメージしやすく理解しやすかった。

また、生徒会活動の進め方の講義では、中学生が実際に取り組んだ「学年委員会の要望書」を黒板に掲示して話をします。アナログそのものなのです。動画を再生する場合はパワーポイントを用いることもありますが、あえてアナログにこだわっています。パソコンを用いると、どうしても私の目線がパソコンの画面に向かってしまいます。私は、学生の目を見て、学生の反応を感じ取って授業を進めることを大切したいと考えているからです。

どのようにわかりやすく授業を展開するかが、教員としての使命だと考えます。これまで中学校の教育に携わってきましたが、そのことは大学でも同じではないでしょうか。

（3）班活動を展開する／班討議

授業展開にあたっては可能なかぎり班活動・班討議を行うようにしています。生徒会活動の進め方の講義では、学生自身が中学・高校で生徒会活動にどう関わってきたかを班のメンバーで交流し合います。学生は全国から集まって来ているので、さまざまな生徒会の様子を交流し合うことができるのです。大阪の私学の中・高一貫校では、生徒会の存在すら認められていない実態が報告され、学生たちに驚きが広がったこともありました。

○今日の講義で学んだことがあります。それは、討論の楽しさです！　大学はじっと座って一言も話さず、静かに聴く授業が過半数なので、体がほぐれて予想以上に楽しめました。

学生からは、このような反応があり、班討議は授業の大切な要素となっています。

（4）学生から出された疑問や質問を大切にして

大学の講義では手をあげて質問というのはほとんどありません。しかし、質問用紙を用意し書かせるといくつかの質問や意見が出されます。

講義の導入では、これら質問や意見に対するコメントタイムとし、3～4項目について回答および補足を行うことにしています。このことは次の感想にあるように、意外にも学生からは好評です。

○今回の講義は、まずはじめに、前回にみんなが出したレポートや感想文を見ながら、勘ちがいやまちがいの指摘や、補足説明があったのが印象的でした。なぜなら、私たちのアウトプットに対する応答があったからです。今までレポート提出物を必死で書いて出すものの、返却されたり、それに対する返答があることはほとんどありませんでした。それでは、浮かんだ疑問も消化不良で終わってしまっているケースが多かったのかもしれないと思いました。

この感想にあるように、学生は質問やレポートへの教師からのコメントをもとめているのです。別の角度から言えば、教師との何らかのつながりをもとめているとも考えられます。講義においてはやはり学生からの質問には丁寧に対処するようにしたいものです。以下は、コメントタイムで取りあげた項目です。

○　戦前の教育は皇民化教育で、その教育が戦争を引き起こしたというのはまちがっています。あの戦争はおこるべくしておこったもので、しかも日本国から見れば、あの戦争はアジアを解放するものだったのです。

○　1945年以前を戦前という言葉でひとくくりにするのもあぶない考え方ではないかと思う。天皇制的イデオロギーは、あくまで明治政府によりつくられたものであり、明治初年度から日本国民が「天皇バンザイ」なんて言ってたわけではない。もう少し正確に歴史を把握してもいいのではないか。

それぞれ学生からの鋭い指摘です。これらの質問や意見が出されると、次回の講義でどう取りあげるか1週間考え続けることもあります。新たな資料を探し、先輩や友人の講師に相談することも必要になってきます。しかし、あまり深入りすると次週の講義展開の時間に影響も出てくるので、概して軽いコメントに留める場合もあります。たとえば、天皇制の歴史問題に関しては、追加資料として「明治維新までほとんど誰も知らなかった天皇」（清風堂書店オリジナルブックレット19）を用意して議論を深めました。

3　ワンポイント・メッセージ／現場の経験を紹介する

理論展開と関連させ、私がこれまで中学校の教育活動で大切にして来たことなどを「ワンポイント・メッセージ」と銘打って話をします。学生たちは自分の小・中・高時代を思いだすのか、それまで以上に授業に集中している姿が印象に残ります。いくつかのメッセージの中の「学級づくりのための3つのアドバイス」について記してみます。

近年、小中学校に若い先生方が大幅に増えました。

学校によっては教員の半数が20代になっている学校もあると聞きます。若い先生方に話をする機会が多くなりましたが、その際、私は次の「３つのアドバイス」の話をすることにしています。

学級づくりのための「3つのアドバイス」

① 「教育」とは「信頼」を育むこと。
② 怒らないで指導する。
③ 子どもたちとあそびを！

学級経営がうまくいかず、さまざまな困難に直面することがありますが、これら３つの視点を見失うことがなければ、大きく道を外れてしまうことはないと考えています。「アドバイス」に対して教員をめざす学生からは、多くの反応が返ってきます。

①「教育」とは「信頼」を育むこと

「教育にあたって必要なことは何か」「これから教師として実践していく上で絶対に必要なことは何なのか」と問いかけてみます。「それは情熱である」「いや愛である」などの答えがよせられます。私は教育にとって何よりも大切なことは「信頼」ではないかと思っています。子どもと教師、父母と教師、教師と教師などの間に「信頼」があってこそ、教育はなり立つものであると。このことは、意外に教師は忘れがちなのです。「あんたら！　生徒は教師の言うことに従うのがあたりまえやろ！」と上から目線で子どもたちに対処しがちなのです。

修学旅行の下見で広島をおとずれた時のことです。新幹線の広島駅をスタート地点として、班ごとに自由に市内を見学するとの企画を立案していました。旅行社が用意した乗り合いタクシーで、チェックポイントになる地点を次々に見てまわります。原爆ドームだけでなく、多くの被爆跡が今も市内に点在しているのです。「曲がった九輪」「首なし地蔵」「被爆の石垣」「被爆やなぎ」など。一通り下見した後、喫茶店で打ち合わせをします。次々に先生方から意見が出されます。

「路面電車に乗ってもいいことにしたらどうでしょうか」

「比治山公園をポイントにして、昼食場所にしてはどうかなあ」

「広島城コースと比治山コースに分けて、子どもたちが選択するというのはどうですか」など。今では、班行動で見学というのは珍しくなくなっていますが、その当時はあまり取り組まれていない企画でした。

私たちのテーブルの横で聞いていた運転手さんが

「先生方は、生徒さんを信頼してるんですねえ。私もバスの運転手をしていて、修学旅行の学生さんを乗せてきましたが、広島駅で解散というのは聞いたことがないですね」

と話しかけてきました。

「先生方から信頼されている生徒さんは、幸せですね」

と。確かに「信頼」を作り出すにはそれなりの時間と努力が必要であり、簡単な事ではありません。しかし、教育はこの「信頼」を粘り強く積み重ねていく上になりたつものです。そして修学旅行当日、子どもたちは、私たち教師の「信頼」に応え、班行動を立派に成功させたのでした。

②　怒らないで指導する

アドバイスの2番目は「子どもたちを怒らないで指導する」です。ほとんどの場合「そんなのは無理！」との返事がかえってきます。しかし、少し視点を変えてみたいのです。私の場合、「絶対に怒らないで指導する！」と自分の中で決心すると、「それではどう指導すればよいのか」と間をあけて考えることができるようになってきたのです。心のどこかに、冷静になって対処できる余裕が生まれてきました。つまり、大切なことは、「感情にまかせて怒らない」ことなのです。後になって、よくよく考えてみると「怒らなくてもよかったけどなあ」と後悔することがほとんどなのです。逆に、怒ってしまうと、子どもは必ず反発します。そしてまた、同じことをします。口で言っても聞かない、また怒る、これのくり返しになるのです。子どもとの関係は、ますますうまく行かなくってしまいます。

しかし、「いじめ」や「命にかかわること」については例外です。

理科の授業でのことです。1年生の2学期、気体の性質の実験があります。各班にマッチを渡し、試験管に集めた気体に火をつけさせます。水素に火が付き、ポンと音が聞こえてきます。よく見ると、一番うしろの班でプリントに火をつけて遊んでいる子どもがいます。中川くんです。彼は学年の中でも、一番のトラブルメーカーであり、担任ともそりが合わず、たびたび問題を発生させていました。これまで、私は彼に対して「絶対に怒らないで指導しよう」と決めて対処してきました。しかし、この実験中の行為は、放置することはできません。理科室のうしろで騒いでいる中川くんにかけより、腕をつかみ、

「実験でふざけることとするなといったやろ。みんなで約束したんとちがうんか。あやまれ！」

と大声でどなったのです。これまで数々のトラブルを引き起こしてきましたが、自分が悪いとわかっていても絶対に謝らなかった中川くん。

「……ごめんなさい」

と神妙な顔をしてあやまったのです。謝らないだろうと思っていたので、これには少し面食らってしまいました。怒らなければならない事態に出くわした場合、子どもとつながりをつくるチャンスと考えることにすればどうだろうかと思います。

③　子どもたちとあそびを！

子どもとの信頼関係を築くためには「遊ぶ」ことをすすめます。子どもといっしょにあそべる先生のクラスは学級崩壊などしません。小学校の先生と違って中学校の教師には、なかなか「あそぶ」という機会は少ないのが現実です。よほど意識し、取り組まないと「あそび」などできません。自分の小・中学校を振り返ってみて、印象に残っている先生は、よくあそんでくれた先生でした。

私の中学時代、３年生の担任は、よく山登りに連れて行ってくれました。私も教師になって、３年生を担任すると夏休みにはキャンプに子どもたちをつれていきました。毎年といっていいほど同窓会をするクラスがありますが、そのクラスの子どもたちとは、夏休みに河内長野にキャンプに行ったのです。キャンプ場ではなく、近くを流れる川原にテントを張って宿泊しました。キャンプの施設も設備も何もないところです。

「修学旅行などの正規の学校行事より、クラスでキャンプに行った思い出が、一番印象に残っています」と教え子たちは語ります。

日常的には、帰りの会や学活において、簡単にできるゲームや集団遊びをとりいれたいものです。学級で行うゲームには「ジャンケンゲーム」や「鬼ごっこ」がありますが、そのほか「凧揚げ」「水ロケット」「熱気球」「空気砲」「模型飛行機」など、あげれば限がありません。あそびのネタを自分の引き出しに用意しておくことをすすめたいのです。

以上「学級づくりのための3つのアドバイス」の内容です。学生から多くの感想や意見が寄せられるのは「怒らないで指導する」についてです。さまざまな感想を大別すると

「怒らないというのは大切だが現実はむずかしいことではないか」

「怒らなければ子どもたちからなめられてしまう」

にしぼられます。これに対して次週の授業の最初に、次のようにコメントします。

①感情にまかせて怒ることは簡単ですが、子どもの心をとらえる怒り方ができるようになるには、多くの経験を積まないとなかなかできないことなのです。つまり「怒ることはなかなかむずかしいこと」であるのです。とにかく、まわりから（先輩の教師から）言われて、子どもたちを「怒らなければならないから怒る」というのはやめたほうがよいのです。

②「怒らないと子どもからなめられる」ということについて。では、怒ることをすればなめられないのでしょうか。がみがみ怒る先生が生徒たちから完全になめられている例は山ほどあります。「なめられる」「なめられない」というのは、教師としての人間性や人格にかかわることなのです。本当に一目置かれている先生は、めったに怒りはしないと説明します。

③「怒るとき」の原則は何なのか。それは、約束に基づいて怒るようにすることです。「みんなで決めたこと」「クラスの約束を守らなかったこと」

についてはしっかり怒ることも大切なのです。

4　実技編／模擬授業に取り組む

（1）班ごとにテーマを決めて

班討議をさらに発展させたものが模擬授業への取り組みです。授業後半の8回から14回までを学生による模擬授業にしています。班（6名～7名）ごとにテーマを決め、実際に学生たちが特別活動の授業を行うのです（資料2参照）。残りの班は生徒役となります。模擬授業といっても、学生たちは初めて授業に取り組むのであり、多くを望むことはできません。しかし実際に授業というものを体験してみるのは教職課程の授業においては必要な課題でないかと考えています。なお、講義における成績と評価については資料3をご覧下さい。

（2）模擬授業のテーマとルール

学生の構成は、6割が1回生、残りの3割が2回生以上となっています。そのうち1割は大学院生で後期課程在籍者も何人かは含まれます。学部も多岐にわたり、文学部、理学部、工学部、人間科学部、外国語学部、さらには医学部の学生も養護教諭をめざして受講しています。そのため、模擬授業の準備や打ち合わせには、なかなか困難が予想されます。しかし学生たちは、昼休みや講義のない時間を見つけ、準備に取り組むなどの工夫をしています。それらの準備活動に取り組む中で、つながりが広がりることが学生たち自身の喜びとなっているのです。

（3）模擬授業にむけて「手法」を説明する

いきなり模擬授業を行うと言ってもどのようにすればよいのかわかりません。そこで、事前に私がやってみせるのです。第1回目の模擬授業は「学級びらき」がテーマなので、私が学生を生徒にみたて、実際に学級びらきをやって見せるのです。

◎「学級びらき」をどう企画するか

入学式の直後、または始業式の後、最初に自分が担任をする子どもたちとの最初の出会いの場を「学級びらき」といいます。「学級びらき」という言葉や概念

資料２　模擬授業の流れ

模擬授業は、班ごとにテーマを決めて実際に学生達が授業を行う。テーマ決定にあたっては、「学級びらき」の学活と「学級じまい」の学活は必ず立候補で決定することにしている。

2013年前期の講義では、「学級びらき」に２つの班が立候補し抽選で１班に、「学級じまい」には８班が立候補し決定した。

月	日	模擬授業のテーマ（内　容）	担当班
12月	9	①学級びらきの学活	（1班）
	16	②４月当初、班員やクラスの人の名前を覚えるための学級会	（3班）（9班）
1月	6	③学級全体でゲームを楽しむための学級会	（７班）（４班）
	13	④学校生活に関わる学級会（性教育・職業指導、健康・安全・人権など）	（６班）（10班）
	20	⑤学年行事、生徒会行事にとりくむ学級会（校外学習・球技大会・修学旅行など）	（2班）（5班）
	27	⑥学級じまいの学活	（8班）

※模擬授業のテーマは佐藤功講師レジュメより

また、模擬授業のルールは次のようになっている。
①　持ち時間30分。タイムオーバーは減点の対象となる。
②　レジュメを用意する。（Ａ４縦を使用する。）
③「タイトル」「対象学年」「実施時期」「内容（設定学年、授業展開、役割分担）」を明記する。班員の名前をフルネームで記載する。
④　準備物は何を使用してもよい。（パソコン、模造紙、画用紙、ＣＤデッキなど）

資料３　成績／評価

①　配点　レポート×２回（20点）、模擬授業（40点）、試験（40点）
　　欠席は１回につき－５点
②　レポートの提出
　1．各班一人ずつ、ミニレポートを提出する。（各班で担当者を決める）
　2．レポート担当者は、その日の「講義の感想や質問」のまとめを600字～700字にまとめ（箇条書き、羅列は不可）メールで金子に報告する。

は昔からあったものではなく、近年普及してきました。

新学期がはじまり、家に帰ってきた子どもたちが「今度の先生はどんな先生だった」と保護者に聞かれます。「優しそうな先生」「楽しそうな先生」「おもしろそうな先生」、そんな返事が返ってきたら最初の出会いは大成功と言えるでしょう。

◎「学級びらき」の6つのねらい

学級びらきのねらいとしては、次の6つの項目が考えられます。

①　学級づくりの第一歩の日として、感動的に印象深くしるす。
②　子どもたちの不安や緊張をときほぐす。
③　新学年をむかえて「やる気」を引き出す。
④　当面の活動の見通しをもたせる。
⑤　教師として自分を理解してもらう。
⑥　学級全体の雰囲気や問題の子どもの様子を把握する。

金子学級で取り組んできた基本的プログラムはつぎのようになります。講義の中で実際にやってみせ、学生たちにイメージがつかめるようにしています。

①　あいさつ
②　出席をとる（一人ひとりとあいさつをして握手する）名前の確認をする
　※幸せのハイタッチ
③　担任の自己紹介
④　担任からのお話
⑤　メモリアル・ワーク（うたごえ）
⑥　事務連絡（教科書、学級通信、各種書類の配布）
⑦　次回持ってくる物、宿題などの確認
⑧　さよなら

プログラム5番の「メモリアル・ワーク」では、実際に講義の中で学生を相手に歌ってみせます。うたの伴奏の入ったCDやCDデッキも準備します。私が「実際にうたってみましょう」と言うと、必ず学生たちは「エエーッ!」「本当に歌うの」という表情をみせます。「よろこび」とうたい始めると最初は小さい

資料4

2013 前期模擬授業／テーマと内容

回	模擬授業テーマ	担当	内　容
①	学級びらきの学級会	8班	楽しいゲームで学級びらき！
②	４月当初、班員やクラスの人の名前を覚えるための学級会	9班	黒板に「今月の目標」が張り出されて
		1班	風船など個性的アイディアも
③	学級全体でゲームを楽しむための学級会	4班	猛獣狩りに行こう
		5班	スピーカーゲームで声を揃えて
④	学校生活に関わる学級会	2班	たばこについて学び、考える
		3班	お酒の断り方について学ぶ
⑤	学年行事、生徒会行事にとりくむ学級会	7班	修学旅行／アイヌ文化を北海道で学ぼう
		6班	修学旅行／旅行社の協力で京都のコースを
⑥	学級じまいの学活	10班	高校1年生の学年終わりの学活

声が返って来ます。それでも2、3回出だし部分をうたってみます。「それでは本格的に歌ってみましょう」と言ってCDデッキを取り出し、伴奏をスタートさせます。学生からは大きなうた声が返ってきます。

資料5

あの青い空のように

丹羽健治・市原油子　作詞作曲

1. よろこび　広げよう
小さな　ぼくたちだけど
あの青い　空のように
澄み切った　心になるように

2. さみしさ　忘れまい
小さな　僕たちだけど
※　くり返し

そのほか、「学級びらき」でうたった歌には、

「大きな歌」「翼をください」「飛び立とう」などがあります。しかし、やはり一番ふさわしいのは「あの青い空のように」（資料5）であると思っています。教師がうたった後、そのまま生徒たちは教師についてうたえばいい曲であるからです。歌を知らない子どもでもうたえる曲なのです。

○ 今日、歌を歌ったりしたのがとても楽しかったです。大学生活には、こんなに大勢の人数で何か1つのことをやりとげるということもあまりないので、歌い終わった後の何とも言えない団結感はすごい心地のよいものでした。

○ する前は正直「エー本当にやるの⁉」と思っていても、ハイタッチをした後、歌をうたった後は、自然と和やかな気分になっている自分がいて、こんな気分で1年のスタートを切れたら、どんなに素敵だろうと、未来の自分の学級びらきを想像してしまうほどでした。

○ 学級びらきのいろいろな工夫にとても驚きました。歌をうたい始めたときは、少しとまどいましたが実際にやってみるとすごく楽しかったし、心も軽く、幸せな気分になりました。大学生になっても、やっぱりこういうのっていいなと思いました。

以上が「学級びらき」について学生への説明です。

（4）学校生活にかかわる学級会・授業レジュメ「夏休みの過ごし方／お酒の断り方」

次に実際にどのような模擬授業が展開されたか、その一部を紹介してみましょう。

模擬授業は、9班による「学級びらき」からスタートしました。担任の自己紹介では、いきなり人形劇に使用するオオカミが登場するなど、教室全体に明るい雰囲気を作りだし、みんな楽しくゲームに取り組めていました。資料6は、第4回模擬授業を担当した3班による授業レジュメとシナリオです。テーマは「学校生活に関わる学級会」であり、中学2年生、1学期最後の学級会を想定しています。どのようにことに注意して夏休みを過ごせば良いのかを考えさせる内容となっています。

資料６

模擬授業レジュメ／ 夏休みに入る前の学級会「お酒の断り方」

１．実施日　２０１３年7月４日（木）

２．担当　　３班

３．設定　　中学２年生を対象に、夏休みに入る前の１学期最後の学級活動

４．授業の狙い
・「未成年者飲酒防止」に関する理解や問題意識を高める。
・お酒の断り方について学ぶ。

５．プログラム／授業の流れ（実施時間２５分）
①先生の挨拶（学期終了の連絡事項、夏休みの生活指導）１分

②未成年の飲酒についての講義（５分）

③お酒の断り方を練習（ロールプレイ）（１班～３班）

④締めの言葉（１分）

シナリオ
①先生の挨拶
起立、はじめます。じゃあ、少し眠いけど、これが１学期最後の授業だから頑張りましょう！いよいよ明日から夏休みですねー！　今、みんなは楽しみなことがいっぱいあって、わくわくしていると思うんだけど、今日の学活はちょっと今までの学活と違って、みんなに飲酒について考えてもらうための授業をします。これだけ言うと、ちょっとつまんなそーって思うかもしれないけど、今日は副担任の名部先生と、授業を盛り上げてくれる大学生のスクールサポーターの方にも来てもらっています！そしたらまず名部先生、まずは飲酒の危険性についてのお話をお願いします。

②未成年の飲酒についての講義
みなさんこんにちは！明日から夏休みということで皆さんいい笑顔ですね。そんなに浮かれてばかりではいけませんよ。山崎先生がおっしゃった通り、今日は少し難しい授業をします。でもこの授業はみんなが夏休みにトラブルに巻き込まれずに楽しく過ごすために大事な授業なのでしっかり聞いて下さい。今日、先生は皆さんに約束してほしいことが１つだけあります。皆さんはもう中学２年生で

すから、色んな場面でお酒という物に出会う機会があると思います。（　中略　）
　お酒がいけない理由は、まず法律上の理由があります。皆さんはわかっていると思いますが、お酒は二十歳からです。ではなんで二十歳からなんでしょうか？　やっぱりみんなの健康に悪いからです。そんな体に悪いお酒が入るとどうなるか、具体的にはみなさんの頭の脳の細胞が壊されてしまったり、それだけでなく、全身の臓器に悪影響を与えてしまいます。こういうふうになってはいけないからお酒は二十歳からなんですね。（　略　）でも、そんな危険なお酒を君たちに勧める悪い大人や先輩が世の中にはたくさんいます。今からはそんな人たちに勧められたときにどのように断るのか、実際のロールプレイングの中で練習したいと思います。スクールサポーターの先生方にしたがって、しっかり練習して下さい。

③ロールプレイ
　設定：部活の打ち上げ会　　A:先輩　　B:部員たち　　C:あなた

A：おい！　おまえら。今日はいいもん持ってきたぞ！
B：へえ～何ですか？　先輩！　これお酒じゃないですか？
A：まあ、せっかくの打ち上げだし、せんせいも帰ってるし、おもいっきり飲んじゃおう！
B：イエイ～～♪（缶を開ける）
C：・・・・（ひっそり麦茶だけ飲んでいる）
A：おい！君！　さっきから麦茶しか飲んでへんやんか！　お前も飲めよ、みんな飲んでるし。
C：

④グループ活動
・各班お酒を断る言葉を考え（２分）、発表してもらう。（１班１分、先生が復唱、板書）
・先生が考えた答えを紹介する。

１班　自転車で来たので・・
２班　肝臓の持病があって
４班　（しっかり）正論をいう
５班　宗教上の理由で！
６班　麦茶が好き
７班　母がアル中で入院中
８班　すでにあなたに酔ってるんで・・
９班　先輩、酔わせてどうするんっすか？
10班　友だちが死にそうに・・・・

⑤お酒を断るポイントをまとめる　模造紙に書いて掲示する

・「絶対飲まない！」と意思を固めよう。
・飲まない理由をはっきり伝えよう。
・それでもだめだったらその場を離れよう。

ありがとうございました。このように、どうしても断れない場合は、その場を離れましょう。では、この３つのお酒を断るポイントをしっかり覚えておいて下さい。

⑥締めの言葉

・各班が考えた断り方の中で、一番良かった断り方を決める。

・班ごとに話し合い、どの班が良かったかを話し合う。

・（　　　）票入った（　　　）班の断り方が一番良かったと言うことになりました。

（　　　）班に拍手！

■担任からの言葉

はい、今日はお酒の危険性と、断り方を勉強しました。みんな元気にロールプレイに参加してくれてありがとうございました。スクールサポーターの方もありがとうございました。２年生になって、３ヶ月ぐらい経ったけど、クラスの雰囲気がすごく良くなってきたなーと先生は思います。明日からの夏休み、楽しみだとは思うけど、先生はみんなに会えないのでちょっとさみしいです。夏休みの間は、飲酒はもちろんダメだけど、事故や病気にも気をつけて、楽しく過ごして下さい。宿題も忘れないでねー（笑）そして、２学期のはじめに、元気に登校して、また夏休みの思い出をいろいろ聞かせて下さい。じゃこれで１学期の授業も終わりだから、最後に元気にあいさつして終わりましょう。起立、おわります、ありがとうございました！

模擬授業を実施した３班からの感想

- 今回は講義とロールプレイで模擬授業を行いましたが、中学生を相手にしたら多分それほどうまく行けないと思うから、内容について反省しました。ほかの各班が積極的に回答してくださって、盛り上がってくださって本当にありがとうございました。今後活動を設計するとき、もっと考えて生徒を配慮しながら計画します。
- 時間を気にしすぎて、授業中に何度か時間の相談をしてしまいました。掲示物は早めの段階からきちんと黒板につくように対処すべきだった。緊張したが、実際にやってみて楽しかった。こちらが楽しむと生徒にも伝染するものだなと感じた。

生徒役であった他の班からの感想

- 話し合いでの意見の伝え方、飲酒の誘いへの断り方など、非常に重要だが、中学生などはあまり大きい問題だと思っていないことを、興味をひくような授業を提供することで生徒たちに伝えられていたと思う。
- お酒の断り方のロールプレイングがとても楽しかった。非常にかた苦しくまじめな話になりがちなテーマだったが、「断り方を考えてみる」というアイデアで楽しんで学べたと思う。ただ、やはり大学生で場数を踏んでいる（？）からこを色んなアイデアが出て楽しかったのであって、中学生はシーンの想像もつかないので、考えつかないのかもしれないと感じる。

（5）模擬授業後の相互評価で学級づくりを

模擬授業が終わると互いに評価を行います。班ごとに話し合い、模擬授業のよかったところを発表しあうのです。まずその日の模擬授業を担当した班から感想と反省点について発言してもらいます。司会の私が「それでは、発表できる班！」と言うとさっと手があがり次々と発言がつづきます。

○「先生役の人がノリノリだった」「ゲームに工夫があり楽しかった」「黒板がきれいに飾られていて臨場感があった」

など、よかったところを発表するようにしています。学生からは、次のような疑問が出されたこともありました。

○模擬授業の後の評価で、各班によいところだけ言わせていましたが、あれにはどういう意味があるんですか。」

○よいところだけでなく、悪かったところや改良の余地があったところもいった方がためになるのではと思いました。

よいところを評価することで「目当て」を明らかにし、次へのステップアップにつなげるのです。つまり、模擬授業の回を重ねるごとに内容的にも技術的にもレベルがアップしていくのです。

おわりに

1　学生はつながりを求めている

大学で講義を担当するようになって6年が経過しました。これまでの講義でとくに印象に残った感想を取りあげてみました。

前述したように講義の前半は理論編、後半では実技編（模擬授業）としていますが、下記は15回の授業を終えての感想です。

○　班を作っていつも同じメンバーでかたまって座って、ともに行動させるというシステムもたいへんよかったと思います。ほかの教職の授業でも班を作ることはあるのですが、一回きりの発表のために集まったりするだけですので、全然団結感が深まったりすることはありません。でもこの授業はいつも同じなので、同じ班員たちはいっしょに行動をともにした仲間という感じがします。

○　毎日たくさんの学生とともに授業を受けていても、なんとなく「この人たちと自分には何のつながりもないんだな」と考えてしまいます。しかし、この授業は違いました。とくに模擬授業をやり始めてから、班の仲間とともに授業のアイデアを出し（大学では班行動自体が珍しいですから。でも楽しかったです）それをクラス内で発表することで、私は久しぶりに「仲間っていいな」と感じました。この授業を通して、私は大学に入って忘れかけていた「人とのつながりの大切さ」を思い出しました。

これらの感想から、現代の学生の生活実態が垣間見えます。「行動をともにする」仲間を求めている姿が鮮明になっているのです。ここに大きな課題があるのではないでしょうか。講師としてできることはかぎられますが、それでも授業を通して学生相互のつながりを作り出すことは可能ではないかと考えています。

また、大学の講義や模擬授業を通して「学級づくり」そのものに取り組んでみました。この経験は、将来教師になり、学級担任として学級づくりに携わる際、必ず役に立つ体験となると思います。

○　実際に授業を体験させる取組みがおもしろかった。大学の講義らしからぬ講義であって金子先生がわたしたちを「クラス」として考え、授業をし、上手くのせていった。その手法自体がとても興味深かった。なぜなら、わたしたちは、授業を実際にやってみることによって、こんなに反応のよい皆を前にしてもなかなか授業を上手く進めることはむずかしいと知ったからだ。最後には、たしかにこの「クラス」の中に「クラス」としての空気ができていた。

2　今の学生から小・中・高校での課題が見えてくる

また、学生の感想や意見から小・中・高校における生活指導上の課題も浮かび上がってきています。

○　私が高校の時、スカートの丈について先生方は厳しく指導されていましたが、当時（もしかしたら今も）の私には、なぜスカートの丈が短いのがいけないことなのかさっぱりわかりませんでした。私の学校では、教師は生徒の不満を理由も述べずに真っ向から否定してくるばかりで、生徒も何を言ってもむだだという気持ちが強くなり、行事を心から楽しむことができないときがあった。

○　私の通っていた中学・高校（中高一貫校）は、そもそも生徒会がありませんでした。行事を主催するのはもちろん、学校で生徒たちがこうしたいという願望は、ほぼ無視されました。なので、今回の講義に出てきたような生徒会には、とてもあこがれます。

○生徒会のない学校が存在することに、とても驚きました。私は勝手に、生徒会はなくてはならいと、何かしら規則が決まっているとばかり思っていました。学校によって差はあるだろうとは思っていましたが、ここまで差があるとは思いませんでした。

これまでの学校生活でさまざまな体験をしてきている学生たちですが、肯定的ではない感想を持っています。生徒会活動については、否定的な感想が多いのです。われわれ小中高の教師として取り組むべき課題が鮮明となっているのです。

小学校から大学まで、現在の学校を取り巻く状況はなかなかたいへんです。とりわけ青年教師にとっては厳しい勤務実態になっています。私の教師生活を振り返ってみても、困難の連続でした。子どもたちの「荒れ」で生徒指導に明け暮れ、「教師をやめたい」というのが口癖になっていた時期もありました。そんな困難な時期を何とか乗り越えることができなのは何なのか。それは何と言っても「同僚の教師仲間」の存在です。教師同士の「つながり」がさまざまな困難を乗り越えていく力の源になったのはまちがいないのです。「つながること」「仲間」の大切さを、講義を通して少しでも学生に伝えることができればと考えています。

第6章

大学の授業づくりと教育的課題
――学生のレポートから見えてくるもの

小部　修

はじめに

本稿では、大学での自身の十年間の授業実践をベースに、「学生は何を考え、何を求めているのか？」という切り口で、授業のありかたや、教員の役割ややりがいなどに関して、受講生の文なども紹介しながら考えたいと思います。

ここ数年、わが国の重要な教育課題となっている大学での授業改革については、学生の授業評価制度とも合わさって、各大学、各研究分野で進められています。そんな中で、私自身が、多くの先生方とお会いし関わる中でわかってきたことがあります。それは、どの教員も「学生は何を考え、何を求めているのか？」

を問いかけ、心の奥で「やりがいのある仕事、授業をしたい！」と望んでおられるということです。もちろん私も同じで、毎回迷い、悩み抜いてやる授業も、あとで考えれば反省や後悔することが多く、いまだに満足のいく授業ができていないのが現状です。

本稿では、私の講義テーマである「特別活動論」「生徒・進路指導論」「道徳教育論」の授業実践と、その授業の中で学生が書いた文などを基に、「いま大学でできること」などについて読み取り、参考にして頂ければと思っています。

一　ともに考える授業——進路への不安

まず、大学教員の仕事としては何があるでしょうか。もちろんそれは、大学によっても違うだろうし、研究分野・部門・部署などによっても違うでしょうが、大まかに言って研究、論文、講義、各種指導、会議や諸務などでしょうか。

そこで私自身ですが、大卒後2年間の貿易商社マン勤務のあと公立中学校教員（英語）に転職し、定年まで36年勤めさせてもらいました。そしてその後縁あって、現在までいくつかの大学で、教職科目を中心に担当していますが、教育学部で学んだわけでもないので、難しい教育理論を語ることはできません。

したがって、主に中学校教員在任中の経験や資料などをベースにした講義をしています。講義形式も、班（グループ）編成を基本に、討論やディベート、そして模擬授業など、中学校での経験を生かしたいわゆる「学生参加型の授業」を心がけています。

一方、学生はどうでしょうか。いわゆる「詰め込み型の受験教育」の中で育ったこともあり、文の深読みや意見交流・発表などの経験の少ない学生が明らかに増えています。ではそんな中での、どういう授業をすればいいのかをさぐってみたいと思います。

まず、「働くこと、生きること」などをテーマに行った授業で受講生が書いています。

その1　鈴木君（4回生　1月末の授業）

○　ぼくは現在4回生ですが、卒業を3ヶ月後にひかえ今も未だに企業への内定はなく、中高の教員という道も真剣に向き合えていない。つまり卒業後の進路を決められずにいる。というよりは、本来3回生かそれ以前から自分の進路を考えるべきだったのだろう。

しかし、何か社会に出ることに対して、ずっと面と向かうことができない自分がいた。そして、もし入った会社がブラック企業だったらどうしよう、ということまで考えていたこともあり、この1年間は就職活動から逃げていた。

そんななかで、「トヨタ過労死問題」（※註）や「ブラック企業問題」について授業で学んだことは、自分にとってとてもプラスになった。

まず「トヨタ過労死問題」では、労働監督基準所とトヨタが結託して過労死の隠蔽工作をしたことを知りほんとうにひどいと思ったし、「世界のトヨタ」として恥ずかしくないのかという思いと、労基署（労働基準監督署）は労働者のためにあるべきじゃないのかという疑問と怒りがこみあげてきた。

しかしぼくにとってもっともよかったことは、「こういう現実がある」という事実を知ったことと、話し合いの中で、みんなと意見交流ができたことである。話し合ってみると、実際に「今後の進路が不安」「ブラック企業には入りたくない」など、自分が考えていることとよく似た人がかなりいたし、そこで自分も社会と向き合っていこうという覚悟ができたように思う。

また現実はいいことばかりではないし、将来はどうなるかわからないけど、まずは知ること、現実を直視することから始めようともぼくは思った。

つい先日、本人と面談したところ、卒業後は、科目履修生として就活と平行して教職の小学校課程もめざすそうです。

※註「トヨタ過労死事件」

２００２年２月９日午前４時20分頃、トヨタ自動車愛知県堤工場車体部でＥＸ（班長）として働いていた内野健一さんが倒れ、30才の若さで亡くなった。健一さんは、２月８日午後からの二直（遅番）勤務に引き続き、工場内詰め所で残業中に倒れ、そのまま亡くなった。健一さんが倒れる約半年前から、会社からの帰りがしだいに遅くなり、疲労がたまっていく様子を目の当たりにしていた妻・内野博子さんは、健一さんの死は過労死であるとして、直ちに豊田労働基準監督署長に対し、労災申請をした。ところが、豊田労基署長は労災と認めない判断（不支給決定）を行ったため、博子さんは２００５年７月、名古屋地方裁判所に対し、豊田労基署長の不支給決定の取消を求めて裁判を提起した。

２００７年11月30日、２年余りの審理を経て、名古屋地方裁判所民事第一部が出した判断は「健一さんの死は仕事が大変だったためだから労災である」、というものだった。健一さんの死が５年余を経てようやく、過労死であると認められた。健一さんが亡くなった当時、1才と3才だった2人の子どもは、判決時には小学校1年生と3年生に成長した。

その2　和田君の文（テーマ＝ブラック企業、過労死問題）

○　この授業の中で感じたのは、日本は個人の意見が出しにくい社会だということだ。日本人の気質かもしれないが、おかしいことや間違っていることに意思表示をしなかったり、しようとしても後々リストラなどで企業から追い出されたり、職場で居づらくなるというように、日本は周りの雰囲気を気にする社会である。

そもそも日本では、不景気の影響もあるのかもしれないが、転職を恐れる傾向がある。1つの企業に入れば、少々不満があっても、とりあえず身を固めてしまう。そのため周りの目を気にしたり、不満が言えなくなってしまっているようだ。

もちろん1つの仕事を、周りに気兼ねしながら働くことを悪く言うつもりはない。でも自分のおかれている環境＝状況がおかしいと思っても、それを打破するとか、他のことにチャレンジしたりすることに弱腰であるように思われる。

そしてこのようなことが企業（雇用主）にすきを与え、おかしい労働環境を創り出し、許してしまっているのではないだろうか。労働者が生きがいを感じて、より豊かな生活を送るためには、前に言った「悪しき日本人気質」を打破し、声に出して、面と向かってたたかう姿勢を見せることが大事だと思う。そしてそれが労働者により有利な法改正などにつながり、正しい労働環境が実現するのではないだろうか。

そのためにも期待されるのが、次世代の育成だと思う。もちろん僕が教師になってやりたいことは、「自分の思いや意見をしっかり持って、それをしっかり人前で表現できる」人の育成である。そのためにも授業では、いま社会で何が起こっているのかを新聞記事やニュースなども使いながら、考え議論させるようにしたい。そして社会（状況）に興味や関心を持たせ、自分を見失わないようにさせたいと思う。

二　学生を知る――今を生きる学生たち

一方、彼らが送ってきた人生はどうだったのでしょうか。

その1　中野君の場合

中高一貫の私学出身の中野君は、当初私にも、また授業に対しても「斜に構え」ていて、毎回の授業で書かせるB6判の「ミニレポート」もほとんど書いてくれなかった。そんな彼が、全15回中の3回目の授業で、「中高での思い出」として書いてくれた。

○　僕が通った中学、高校は入試のためにだけあるような学校だった。まず、中学校の入学式では、「今日から3年間が勝負だ！」と言われたが、3年後の高校の入学式では、僕を含め、他の高校すべてに落ちた内部進学の5人だけが呼び出されて、「3年前に言ったことが生かせなかった落ちこぼれ！」とはっきり言われ、高校生活が始まった。そしてそこからはまったく何もせず、ただただ学校に行くだけの生活だった。当然先生方からの扱われ方もひどくなっていった。

　そして大学入試、たくさん受験したが、受かったのはここだけだった。そんな自分に高校時代の教師がかけてきた言葉は、「最後までなんの役にも立たんかったな」とか「落ちこぼれは何年たっても落ちこぼれやな」だった。勉強以外のガンバリなどはまったく評価してくれない世界にいた自分。

　そんな自分が本当の意味での教師になれるかどうかは正直言って今もわからない。ただ教員免許を持っているだけの人間になってしまうかもしれない。でもこの講義を受けて、みんなが書いたり言ったりしているようないい思い出や経験などはないが、それでも、そんな自分でも何かを伝えたいと思うようになった。昔あこがれていた教師、そしてあきらめかけていた教師にはなれないかもしれないが、いまはスクールカウンセラーのようなことをしたいとも思っている。

その2　山田さんの場合

彼女は、いわゆる「荒れた高校」出身の女子学生です。彼女はいろいろあって不本意な高校に入学したあとも、なかなか学校にも馴染めず悶々とした気持ちで学校に通っていました。そしてそんな中で、周りの生徒や教師の姿に心を打たれ、いろんなことに意欲を出すようになり、大学進学を決意したのです。その彼女が、私の講義テーマ「子どもの見方・接し方」の中で書いてくれた文です。

○　私は「学ぶ」という言葉がきらいだった。なぜならそれが「学校で勉強する」ことだと思っていたからだ。勉強は苦手だったし、中学校では授業についていけなくて、理解しようとすることすらあきらめ、授業中は寝てばっかりでよく先生に怒られた。周りはみんな塾に通っていて、もうすでにわかっている生徒を中心に授業が進められていたので、私にとってはたいくつなものだった。

そしてその地区でもっとも「レベルの低いヤンキー高校」と呼ばれていた高校に行った。そこの生徒というだけで、バイトも雇ってもらえない程周りから冷たい目で見られている高校だった。確かに生徒はヤンチャが多く、私もそのうちの1人だったし、毎日問題が絶えなかった。制服を着ている子は数える程で、髪も黒い子が逆に目立っていた。そんな学校だったが、私はそこで、本当に多くのことを学ばせてもらった。

私立だったが、金銭的に苦労している人も多く、バイトをして学費の足しにしたり、家庭に様々な事情を抱えて生きている子もたくさんいて、誰もが色々なことを抱えて生きているんだなあと思い知らされた。またどんなにヤンチャをしていても、教師に反抗ばかりしていても、どこかで必ず優しい心を持っているんだということにも気がついた。

多くの仲間が途中で退学をしたが、その度に周りの子が必死になって説得していたし、テスト前には放課後にクラスの半分以上が残って、お互いに教え合いながら勉強をしたこともあった。そして先生もいつも差し入れを持って来てくれ、遅くまでつき合ってくれた。

今回この講義を受けて、中学高校の自分をふり返り、また今の生活をふり返る機会がたくさんあった。そしてその時に初めて、自分が今まで多くのことを学ばせてもらってきたんだということにも気がついた。クラスでも、またクラブでも、今まで1人ひとりから色々なことを吸収して成長してきたんだと思う。

「学ぶ」ということは、ただ勉強するということではなく、人と接し、人を理解し、その人たちから様々なことを吸収して、それを自分の力にしていくことではないかと思った。そしてそういう風に思える自分がとてもうれしかった。

以上、2人の学生の体験を紹介しましたが、いま充実した学校生活よりも進学率を上げることを主目的にした「受験教育」を優先した学校が増えています。

また最近では、「学校の敷地と設備を節約する」「教職員の人件費を節約する」「不登校を減らす」ためなどの理由での「小中一貫校」（※註）も出てきたり、大阪市では小中学校の「学校選択制」を導入したり、「統廃合小中一貫校」なども出てきています。これは、「子どもつぶし、教師つぶし、学校つぶし」の1つの手段として出てきているに過ぎないということで、しっかりと本質を受けとめる必要があると思います。

※註「小中一貫校」

現在、那覇市、呉市、東京、京都、大阪池田市、守口市などで直面しており、実際は大規模化と過密化の中で、特に高学年では、教科担任制や研究発表などで教師が多忙化し、子どもへの心のケアが不十分になり、子どもの自殺も増えている。一方、準備中の大阪市では、公募委員の男性が「学校選択制は十年前に東京で始まったが、全国でも少数で東京でも見直されている、なぜ今、大阪でやるのか?」と何度も発言している。

三　基本的な授業形態——「学生の生き様」と向き合う

次に、私の授業の基本的なパターンを紹介しておきます。

①中学生の作文や資料などは、輪読をしながら、各自大事だと思う所に下線を引く
②映像なども含め、それについて（毎回交替する）班長が司会をして班討論をする
③討論後各班から意見発表やディベートをする
④こちらのコメントのあと、最後に授業についての意見を書く（ミニレポート）
⑤出た意見を講義通信（「友&愛」）などにして、次回に活用する

だいたい以上のようなパターンで進めますが、後にも書くように、毎回いろいろと悩み、時には当日になって、やりかたを変えることもよくあります。

また、このような感じで進める授業は、私にとってもいろんな発見や驚き、感動があります。毎回授業で学生が書いてくれるミニレポートなどは、帰りの電車の中で読みながら何度も涙したこともあり、時には泣きながら読んでいて隣の人に怪訝な顔をされたことや、降りる駅を乗り過ごしたこともあり、ある時などは、地下鉄の終着駅で降りるのを忘れて車庫まで入ったこともあり、学生と大笑いをしたこともあります。でも、このような学生の体験を読むにつけ、教育と教師の果たす役割の大切さを痛感しています。

学生の文——「問いかけと考えること」

その１

○　「考える」というのは、物事を如何にして自分の問題として感じられるかどうかだと思う。与えられた課題をただこなすだけでなく、見たもの、聞いた話、読んだ文章にどれだけ立ち止まれるか、だと思う。何気なく過ごす日常を素通りする中でも大事な問題が必ずあるはずだ。それを考えて初めて子どもたちや、友達、家族などの些細な変化にも気づけるのではないだろうか。

その2

○　この講義では、教える側と学ぶ側の相互依存ができていた。毎回与えられるいろんなテーマについて考え、書き、それが次回の授業に活かされる。でもそんなにかたい授業ではなく、それでいて学問の基本ともいえる「なぜ?」の問いかけが毎回できていた。先生は今までの経験などもふまえ、僕たちに興味深く話し問いかけてくれた。そしてまた教育にとって大事な授業の雰囲気も良かったです。学生に無理に発言させるのでなく、発言したくなるようにもっていく、このことが僕にとってこの授業で1番学んだことです。

四　「書くこと」と「考えること」

ところで私自身、ここ二十数年来音楽活動をしていますが、その中でわかったことがあります。それは、「授業はライブだ!」ということです。ふつう演奏では、ライブやコンサートの前には打ち合わせや音合わせ、リハーサルなどをしますが、本番ではまずその通りにはいきません。いわゆる即興性やハプニング、ミスなどはつきものだし、それがまたライブの魅力でもあります。もし、単にミスのない譜面通りの演奏を聴きたければCDを聴くのが1番だからです。僕などがこんなことを言えば言い訳がましく聞こえるが、他の音楽仲間からも同じようなことをよく聞きます。

このように、何が起こるかわからないライブでの「ワクワク感、ハラハラ感、ドキドキ感」こそがいいし、その場にいる聴衆と一体化し、聴衆とともに創りあげていくことこそライブのおもしろさでもあります。このことは授業にもあてはまり、参加型を基本とした「ライブ化」された授業が大切だと考えています。

そんななかでとりくんだ特別活動論の授業（テーマ学級活動）でのことです。

かつて小学校で「学級崩壊」の中心人物で、中2で私が担任をした南君が「班ノート」に書いた文と、それについて討論をしたあと書いてくれた大学生の文を紹介します。

この南君は、けっして勉強ができる方ではないし、ヤンチャで手のかかる子でした。でも世の中のことには関心が強く、ぼくの英語の授業でも、教科書以外の社会的な教材をする時はいつも興味を示し、おもしろい質問や意見を出してくれる生徒でもありました。その南君が12月のある日、班ノートに書いてくれました。

南君の文

班活動をしてどんな成果があったか？　まずぼくは、「何事に対しても考える」ということを知った。ひと口に「考える」というが、これはとてもむずかしいことであり、また尊いことだとも思う。

たとえば、この班ノートにしても、以前ははっきりいって書くのがじゃまくさかった。今でも時々じゃまくさい時があるが、たいてい自分なりにない知恵をしぼって、いっしょうけんめい考え、そのすえに書く。そういうふうにしてきたつもりだ。今のぼくらのまわりには、ぼくら自身が考えていかなければならない問題がたくさんあると思う。

ある問題が起こった時に、急にその問題について深く考えるということはむずかしい。そのためには、ふだんからどんな小さなことに対しても真剣に考える。そう心がけておく必要がある。ふだんからあまり考えない人にはむずかしいことだが、今のぼくにはそれができる。以前のぼくは、それほど物事を真剣に考えるほうではなかった。しかし班活動をやってみんなと話し合っていくうちに、そういう習慣が身についたんだと思う。これはすばらしいことだ。

ひとつの文章を読んでも、「ああこんなことが書いてあったなあ」とだけしか思わない人と、「この文章は何を言おうとしているのか？」と考える人とがあると思う。このように、書いてあることしか見れない人と、それ以上のものをその中から引っぱり出すことができる人とがある。ぼく自身班活動をして、そういう力がついてきたように思う。いまぼくはとてもうれしい。「考える」ということがこんなにすばらしく楽しいものだとは知らなかった。

この中学生の文を読んだあとに書いた学生の文です。

その1

○　中学生の文を読み、自分が大学生になってようやく同じような考えを持てたことが悔しかった。「考える」というのは、物事を如何にして自分の問題として感じられるかどうかだと思う。与えられた課題をただこなすだけでなく、見たもの、聞いた話、読んだ文章にどれだけ立ち止まれるか、だと思う。何気なく過ごす日常を素通りする中でも大事な問題が必ずあるはずだ。それを考えて初めて子どもたちや、友達、家族などの些細な変化にも気づけるのではないだろうか。

その2

○　「考えるコツ」は「予測と疑い」である。今を受け入れるだけでなく、過去を反省し、今に対応し、未来に備えるのが「考える」である。また「考える」ことは自分と話す（自分を見つめる）ことでもある。また「考える」ことは、物事を「いい方向」に向かわせるための絶対条件だ。よく考えて、それまでとは違った視点で物事や人が見れた時、自分の成長が見えうれしくなりモチベーションも上がる。

　したがって僕はこの中学生が言う「考えることの楽しさ」に共感できる。そして「考える」という作業の中で自分の想いを練って、それを言葉に乗せて発信する、これがコミュニケーションだということもわかった。

その3

○　この講義を受けて、ぼくは教師になりたいという気持ちがますます強くなった。というのも、今までは単になりたいな、というだけで自分が教師になった時のことを想像もしなかったが、この講義を受けて、毎回いろんなテーマの中で、実際そんな時は自分ならどうするか？ということを真剣に考えるようになった。

　まず「考える」や「書く」ことについて。こんなことはふだん何も考えずに過ごしていたが、考えればとても奥が深く、ぼくの考えも止まらなかった。

まずぼくは今まで「教える」ということは、生徒の上に立ち、教師自身が正しいと思うことを伝えるのだとばかり思っていた。でも、この講義を受けてからは、それが大きな「勘違い」であることに気がついた。

上からものを見るのでなく、生徒と同じ目線に立つことが大切だ。30人の生徒がいれば30通りの持ち味や考え方がある。「教える」というのは、「気づかせ」「発見させる」ことなのではないだろうか。だからこの「生徒と同じ目線に立つ」ことが「教える」のスタートだと思う。

学校でのいろんなとりくみの中で、教師自身も生徒に教えられることもたくさんあるだろう。この「教える」「教えられる」関係というのは「同じ目線」に立たなければ成り立たないのである。そんな中で、教師はヒントを与え、答えの手前まで生徒を導き、その先は生徒に「気づかせ」「発見」させるのが教育だと、この講義を通して感じ学んだ。そしてそういうことを実現できる教師にぼくはなりたい。

五　教育とは――「教える」と「育む」

ところで私は、実践上なにか迷ったり困ったりした時は、まずその原義＝元の意味に立ち返るようにしています。たとえば「教」という漢字は、字源的に見れば、大人がムチを持って子どもにやらせるという形の文字で、「強制的に知識を身につけさせる」という意味があり、英語で言う「ｔｅａｃｈ」に近い意味があります。ところが「育」は、生まれ出た子どもに、知識以外の「感性」のようなものを身につけさせる、すなわち「ｅｄｕｃａｔｅ（内にあるものを外に引き出す）」に近い意味を持っていることがわかりました。このように、困った時、行き詰った時こそ「原義」に戻ることが大切であるし、納得と解決のヒントになるのではないでしょうか。

そして先程も書いたように、毎回学生の書いた文からも、多くのヒントや示唆をもらっています。そしてその中には、「教育」や「学校」、ひいては教師の役割などについても、かなり根源的、本質的なことを言い当てているものが多くあるように思います。

そういう意味では、次の学生の文もおもしろいと思います。

その１　学校の「器」と学ぶ意味

○「人にはそれぞれ歴史がある」。人と接する時、僕はこのことをいつも頭におき、決めつけや偏見を持たずに、ありのまま受け止めようと努めてきた。でも実際は、まだまだ偏見に満ちた目で人を見、その人となりを判断し値踏みしていることに気づき、自分の未熟さにあきれることがある。この講義は、そんな僕に手っ取り早く偏見に気づかせてくれる、いい意味でしんどい授業だった。

まずこの授業は、教職課程の履修を目ざす者が、お互いの経験から、学力以外の知恵や経験の重要性を理解するものだった。例えばクラブ活動では、目標に向かって努力し、汗を流し、結果に一喜一憂しながらもしっかりとそれを受け止め、自分の礎として生きる糧にする。そして何かの役についたら、その役割を理解し、苦労をしていく中で人を見、人を知っていく。

また文化祭などの学校行事では、勉強以外の力を発揮する場として、人を頼ったり頼られたりしながら、信頼や尊敬、そして誇りなどを実感する。そのようにして人は机以外で様々な事を体験し、学び成長していくことを知った。

このように、いろんなことを考え話し合うなかで、少しずつだけど周りがどんな環境かを知り、また改めて親がどういう人かも知ったりして、ぼんやりとだけど社会が見え、自分が見えてきた。またいろんな時や場所で「あっ、これってこういう事なんや！」と感じ、その度に自分や自分の周りが「更新」されていった。そしてそういうことが「学ぶ」っていうことだと気づいた。

またこの授業の中で、友人や仲間、そして世界が分かるようになり、理解できるようにもなった。人は理解し難い事にぶつかると悩み、苦しむものだと思っていた僕は、いろんな人のことが理解できるようになり、そんな悩みや苦しみが徐々に薄らいでいった。また、受け入れ難いことで悩み苦しんだ時は、そのことを理解し包み込んでしまえるような「器」を育むことが「学ぶ」ことだともわかった。

　いま日本の子ども達は、大きく変わった環境の中でストレスを抱えもがき苦しんでいる。それは、日本の社会そのものが苦境に立たされているからだ。そしてこの過酷な環境の中で、未来を支えるために大人も必死でがんばっている。だがもし子どもを未来そのものだとするならば、大人は今の自分たちの苦労をやわらげるためにだけ、未来（子ども）を見殺しにするのはまちがっていると思う。また親や家庭内で、もしストレスを抱え込んでいるなら、せめて学校だけはストレスのないものにしていくべきだ。そうでないと、子ども達はどこにやすらぎを求めていいかわからなくなり、ストレスを抱えたまま大人になってしまうだろう。そうならないためにも、学校自身の「器」をもっと大きくしなければならないのではないだろうか。

その2　教えることと育むこと

○　教育とは文字通り「教え、育む」ことだ。でも現実は「教える」ことに重点を置きすぎ、「育む」ことがおろそかになっているのではないだろうか?すなわち「知識」偏重で、それを中心に年間カリキュラムを組み、そしてそれがスムーズに進行し、成績が向上すれば「成長した」と評価する。果たしてそれだけでいいのだろうか?

　たとえば、何か問題が発生した時にどうするか?その当事者だけを叱り、「反省」させるだけでいいのか?なぜそうなったのか、他の生徒との関わりは?などについて、みんなで考えたり話し合う必要はないのだろうか?「そんなことをすれば勉強がおろそかになる!」「なぜ巻き添えを食らったり連帯責任をとらされるのか!」など、親の苦情もあるかもしれない。でも果たしてそうだろうか?

　ぼくは、これはまさに生徒を「育む」いい機会ではないかと思う。たとえ当事者は1人であっても、周りの生徒はそれを聞くことにより、「考える」ようになり、話し合いまでもっていけば、「自己処理＝

自主解決」にもつながっていくと思う。本来クラス会などは、このように生徒の「自立」を促すためにあるし、それこそ教育の重要な「1つの柱」なのではないだろうか？　時には「教える」ことは横においてでもみんなに問いかけ、みんなで考える「育む時間」をとる必要があると思う。だれでも問題を起こす可能性があるからこそ、このような「問いかけ」に答えるようにしていくことが大切なのだ。

一方、教師もまた同じく、ともに考え、悩み、そして解決の糸口をさがさなければならない。ただし、生徒への強制や押しつけになることもあるので注意しなければならない。このようにして生徒の「自立」を手助けすることが「育む」ということだと思う。「教える」と「育む」の両立はとてもむずかしいとは思うが、それを求め続け、そのためなら時間を惜しまず工夫・努力することが「本来の教師の仕事」ではないだろうか。

六　「開拓者」であり続ける

本来、教育は「開拓」であり、教師は「開拓者」である。また教育の基本は、「人と人の関わり」だと思う。そして教師は、学生をサポートするための「潤滑油」であり、学生同士が相互理解し、信頼し合える「環境づくりの創造者」であるはずです。

また、本来の「教育改革」の中には、教師と学生の潜在能力をどう引き出しどう伸ばすか、という基本的な命題があります。そしてそれらの実現のためにも、教員間の相互理解、認め合い、協力、連携、親睦などを再構築し、教師の個性や創意が発揮できる「働き易い環境づくり」がいま求められています。

ある学生が「いい教師と同僚性」について書いています。

○「いい先生」とは？　まず、生徒と一緒に学び、育っていける教師、そして生徒の意見を取り入れ何かに反映していけること。そして問題が起こった時に、決めつけをせず原因究明ができる、話す、学ぶ、遊ぶが好き、などいくつかのイメージが浮かぶ。

すべては教師が決めるのではなく、生徒に考えさせ決めさせる、これが一番近道だと思う。いいかえれば、子どもといっしょに「いい先生」になればいいのだ。

泣いたり笑ったり、怒ったり、時には傷つけ合うこともあるかもしれない。そんな時もしっかり考え、話し合い、理解し合っていくことが大切だ。腹を割って話し合うことにより、わだかまりが消え、信頼が生まれ解決に近づいていくと思う。

では学校はどうなのか？現実にはいろんなきまりや制約があって自由がきかない、ということもあるだろうが、それとは別の何かがあるように思う。それは「学校内の環境」ではないか。中高年と若年、男性と女性など、仕方のないことかも知れないが、一部にはそういうことも関係あると思う。

たとえば若い教師は、気持ちばかりあせり、いろんな壁にぶつかり挫折する。そんな時はそれらを乗り越えた中高年の教師がサポートをする事によって安心し、自信が出てやる気にもつながると思う。「決めつけ」は捨て、お互いが支え合い、刺激し合って成長すべきだと思う。そしてその上で、子どもたちからも学んでいき、「いい先生」が生まれるのではないだろうか。

一言でいえば「学び合い、尊重仕合い、理解し合える環境」がある学校がこれからのあるべき姿だと思う。楽しいばかりがいいとはいわないが、人は楽しくないと強くなっていかないし、壁や挫折を乗り越えられないのではないだろうか。

おわりに

以上、いくつかの角度から書かせてもらいましたが、どちらにしても授業改革のむずかしさはいつの時代も、国を問わずあると思います。一方、わが国の小、中、高校での、授業研究のとりくみは世界の中でも秀でており、その内容や歴史はすばらしいものがあると言われています。

ただ一方、わが国の労働条件を無視したその勤務実態のひどさは、まさに「ブラック企業化」していて、これまた世界から驚きの目で見られています。これは、私自身が外国に行く度に、交流したその国の教員にいくら説明しても理解してもらいにくかったことです。また、学生も書いているように、授業の改善・改革は教員間の連携・連帯を基本とした労働条件の改善抜きにはできないし、ひいては子どもや親への責任を果たし得ないことを肝に銘じておかなければいけないのではないでしょうか。

では、テーマ「労働と生きがい」の授業で、3人姉妹の長女で、ダウン症の妹のことを書いた学生中西さんの文を紹介して終わりたいと思います。

○「労働」を考える時、私の頭に浮かんだのは妹のことでした。1つ下の私の妹はダウン症です。2才までしか生きられないと言われていた妹ですが、今はもう19才になりました。「できるだけみんなと一緒の生活をさせたい」という親の強い思いもあり、中学校までは私と一緒の学校に通い、高校は支援学校に行きました。

そして今では、地元（兵庫）の工場で働いています。私より先に仕事を始め、仕事の話をしてくれる妹をいつも誇らしく思います。障害者の労働問題は、これまで挙げたものとはまた違いますが、「みなし労働」「みなし残業」（※註）については妹も同じでした。

この前、妹の給与明細を見て、300円という時給の低さに驚きました。その上、そんな低い時給でも「みなし残業」が導入されていて、先月は23日間、1日5時間半働いて、給食費などを引かれると2万円ちょっとの給料でした。2万円を23日で割ると1日4時間となり、毎日1時間半は「みなし残業（ただ働き）」になっているんです。

私は怒りでいっぱいになりましたが、親は障害者を雇ってくれる会社には強く言えないし、妹がとりあえず何かに一生懸命がんばれているんだからいいんだ、と言っています。

今の私には、妹にも過労死されている人にも何もしてあげることはできません。しかし、今回授業で学んだことを忘れず、今の気持ちを持ち続け、おかしことはおかしいと思え、言えるようにしていきたいと思います。

※註

みなし労働、みなし残業＝本俸に何時間かの残業手当を入れておいて、それ以上の残業手当は支給しない。この原稿を書いたあと、一方的に2月からの時給を300円から230円に下げられ、その対応について現在相談中です。

第7章

学生とともに「最高の学び場」をつくりたい

木村　久男

はじめに

なぜ、「ここを最高の学び場に」なのか

小学校教員を定年退職して、大学生と共に学ぶようになって4年目になります。

自分の果たせなかった「いい先生になりたい」という夢のバトンを学生に手渡したい。「大変なこともあるけど、やっぱり先生は楽しい。子どもと共に学ぶことは楽しい」それを学生に伝えたい。そう思うことで、大学教員としての一歩を踏み出しました。

「今どきの大学生」と一緒に学び合っていけるのか。スタートは不安でいっぱいでした。しかし、始まってみると、小学校教員時代を超えるほど刺激的で、「面白い」毎日が待っていました。

「ここが最高の学び場」というのは、私が学生たちと共に学んでいて感じたことです。

「学力テストの平均点競争」と「学力（点数）向上」キャンペーンに、学校と子ども・家庭までもが呑み込まれているように見える日本の教育。「一人で、『ため込んだ知識』を吐き出して、ペーパーテストの問題を解くこと」が、「点数を競うこと」が、子どもの人生にとってどれほどの意味があるのでしょうか。そんな学校が子どもにとって「最高の学び場」になるのでしょうか。

「ほんとうの学力」とは何か。学校はだれのためにあるのか。何のために学ぶのか。

それを、私が今いる教育の現場、大学でどうとら

え、どう取り組んでいるのかを振り返りながら考えていきたいと考えています。

一　学生との学びで見えてきたもの

1　「ダメでいい」に対する学生の反響

私が初めて大学教員としてともに学んだ学生たちが、教壇に立つことになりました。その人たちに向けて「『先生』になる君に……『助けて』『教えて』から始めよう」というメッセージを贈りました。

『先生』になる君に…　『助けて』『教えて』から始めよう

先生の仕事は『大変』ベテランでもうまくいくことはむずかしい。

……というより「『うまくいかない』ことが教育の本質だ。……教師は理想が高ければ高いほど、誠実であるほど、『自分の至らなさ』を責め、深い苦悩を抱くもの。しかし、その苦しみに耐え、困難を乗り越えたとき、先生としての成長、新しい出会いがある」（中野光先生）

……「なぜ、うまくいかなかったのか」。答えはすぐに出なくても、「問い続ける」こと。それだけで、以前とは違う先生としての成長がある。

でも、一人で頑張らないで！　悩まないで！　こんにちの学校と先生をめぐる環境は、一人の先生の奮闘努力ではどうにもならないのも現実。それに立ち向かい、子どもたちに豊かな成長を保障していくためには、『つながる』ことが一番。子どもとつながる。保護者とつながる。先生たちとつながる。地域の人々とつながる。

……『ダメ』で『力が足りない』人と人がつながって、共に育っていくことを大事にしよう。

それを講義通信に載せて学生に紹介したら、予想以上の反響があり驚きました。学生たちは、「いじめ」報道や「学級崩壊」「モンスターペアレント」報道などに怯え、「指導力をつけないと！」「引き出しを増やさないと！」「完璧な先生にならないと！」と、教職へのプレッシャーを感じていました。教育の問題や教職について学ぶほどに不安がつのり、「自分にはムリ」「先生に向いていないのでは」と思うようになっていた学生の多かったこと。

○〝ダメでいい〟なんて、初めて聞いたので、私の中ではかなり衝撃的でした。

○完璧にならないといけないと思っていたので、〝ダメでいい〟と聞いて気持ちが楽になったし、支え合うことを大切にしていきたいなと思いました。

○うまくいかないことに対して自分を責めることが多い私なので、〝ダメでもいい〟という言葉には本当に救われました。

○〝ダメでいい〟という言葉を忘れず、前向きに『いい先生になりたい』と思い続けて頑張っていこうと思います。

○なんか、少し安心しました。今まで先生になるために勉強してきて、教師という仕事にとてもプレッシャーを感じて、私に務まるのかな……と不安に思っていました。今日、先生の言葉を聞いて、逆にこの気持ちを持ち続けることが大切なんだと思うことができました。

○先生になることに不安や嫌気がさしていたけれど、もう一度目指してみようと思いました。

２　「ダメでいい」に対する若い先生の反響

この通信を現場の先生に紹介したら、また思わぬ反響がありました。若い先生がコピーを欲しいと言っているというのです。その先生は、「ダメでいいなんて、大学でも現場に来てからも聞いたことがなかった」『先生の仕事は、失敗が許されない。向いていないと思ったら、いつ辞めてもらってもいい。』と、言われ続けてきた」といいます。だからこの〝ダメでいい〟という通信を手元に置いておきたいというのです。

この若い先生だけでなく、「ダメ教師は退場」と言われる教育現場にプレッシャーと不安を感じている先生は少なくありません。

3　「ダメでいい」に対する看護師さんたちの反響

この話を看護師さんたちの研修会でさせてもらいました。人の命を預かる医療の現場で「失敗していい」「ダメでいい」なんて言っていいのでしょうか。迷いながら話しました。ところが、看護師さんたちからも予想外の反応があったのです。

○ダメでいいと言われると、肩の力が抜けて楽な気持ちになることに非常に共感しました。
○〝だめでもいいんだ〟という言葉、とても心が軽くなります。
○自分は職場では劣等感を抱いています。〝完璧でなくてよい〟という言葉に助けられます。職場の上司は完璧を求めてくるので、スタッフ全員が委縮し、ストレスを感じています。そんな環境では、スタッフがのびのび仕事をできない。成長の妨げと思いました。
○〝先生を育てられない学校に子どもを育てることなどできない〟私たちが働く場でも言えることだと思います。新人の看護師を育てられない医療現場は、患者にとってもよくない、と。
○自分が完璧にできずに落ち込むことが多々あります。そんな〝できない自分〟が嫌になっていました。〝完璧でなくていい〟〝ダメでもいい〟という話を聞き、ものすごく安心しました。失敗すると緊張もほぐれることを教えて下さり、今の自分をそこまで嫌にならなくていいよと言われたように感じました。
○仕事がら、失敗（ミス）が許されないため、子どもにもきつく言ってしまうことがあったのですが、失敗することの大事さや失敗から得られるものの多さを改めて感じさせられました。
○今まで学校の先生というと〝完璧でないと〟というイメージがありましたが、いい先生というのは、〝完璧な先生〟ではなく、子どもと一緒に失敗したり、周りの先生や子どもたち親たちに助けられて成長していく先生だと感じました。

「完璧でないと自分を守れない」というプレッ

シャーに、押しつぶされそうになりながら〝頑張っている〟のは、学生や若い先生たちだけではありませんでした。看護師さんたちも「完璧」を求められ、「デキナイ」のは、〝チカラがない〟から、〝努力が足りない〟から。「デキナイ自分が悪い」と、自分を責めていたのでした。「先生の〝失敗⇓成長〟を待てない学校が、〝失敗しながら成長する〟子どもを育てられるわけがない」という話に安心し、「肩の力が抜けた」「楽になった」といいます。

マチガイはダメという「学力」テスト・点数競争教育や「失敗はユルサナイ」という「ゼロトレランス」（「寛容」ゼロ）の生徒指導、「成果主義」の教育が子どもと先生だけでなく、人々を追い詰めています。しかし、〝失敗しながら成長する〟のが人間です。若者を「人材」として「デキナイヤツ」・人間を〝使い捨て〟にするブラック企業社会・格差社会を支える『自己責任論』『自助努力』の呪縛をどう解きほぐしていけばいいのでしょうか。

4　「未熟」だからいい、「ダメ」だからいい

これが教育の原理です。子どもは、未熟な発展途上人だから、間違える権利＝発達する権利があります。今の時代だからこそ、「未熟さ」や「失敗」を大切にしたい。「ダメでいい」ありのままの自分が大切なんだ。それに改めて気づかせてくれたのは、学生たちとの学びでした。

子どもは遊びが大好きです。遊びは「失敗」がなければ成り立ちません。失敗してこそアウトになるし、鬼が交代できるのです。1年生の初めには、失敗しても「鬼になるのはいや」「外に出たくない」と、拗ねて教室に帰って来る子がいます。しかし、やがてその失敗した自分を受け容れて、みんなと遊びを楽しめるようになります。遊びを通して「失敗に耐え」「失敗を楽しんで」成長することを学ぶのです。子どもが、失敗を重ねながら、人間として成長発達していくためには、「失敗を楽しむ」遊びが欠かせません。失敗しても、負けても子どもの世界では、次のチャンスがいくらでもあるし、所詮「遊び」だから、深刻ではあり

ません。

しかし、今の早期教育は、運動でも知育や習い事でも、大人が「早く、正しく、上手く」「できる」ことを子どもに求め続けます。「早い子」「出来る子」「上手い子」「強い子、がんばる子」がいい子だと大人から評価されます。人と比べられ、よりよい結果を求められて、「もっともっと」と急き立てられます。「自分」への飽くことのない要求と不満。

「遅いこと、できないこと、下手なこと、弱いこと」は親にとっても先生にとっても、悪いこと、恥ずかしいことになってしまいます。その結果、子どもたちは「失敗」や「まちがい」を恐れて立ちすくみ、人の評価や人目を気にして、「ダメで未熟」な自分を恥じることになります。

完璧でなくていい。ダメで不完全、未熟なのが人間。「ダメ先生」「ダメ親」「ダメな子」が、お互いの未熟さ、至らなさに共感しあい、赦しあい、支えあって「ありのままの自分」でいられるのが家庭であり、教室、学校や社会なのに、どうしてこうなってしまったのでしょう。

私は「新任」の頃、「毎日、砂をかむような思いで校門を出る」辛さ、悩みを先輩に話したことがあります。その時の先輩のひと言が、先生としての私を今も支えてくれています。

「その気持ちがある間は、先生を続けていい。自分を『いい先生』と思うようになったら、辞めた方がいい」ダメで未熟だからこそ、先生として子どもの前に立つ資格がある……」

この言葉に救われて、定年まで小学校の先生を務め、今も大学の教壇に立つことができています。

先生としての成長も、「失敗の日々」「未熟で至らない自分」への苦悩と葛藤の中から生まれるのではないでしょうか。「ありのままの自分」を受け容れてくれる仲間の共感と子どもや保護者の赦しに支えられて。

二　ここを「最高の学び場に」

1　「いい大学」とは

大学にだって、「偏差値」や「知名度」より大事なものがあります。それは、学生の「満足度」幸福度の高い大学。学生にとって楽しい「最高の学び場」になってこそ、「いい大学」ではないでしょうか。

相愛大学は、伝統もあり音楽の世界では名が知られていますが、世間でいう「有名大学」ではありません。子ども発達学科3期生は、私が大学に来て初めての卒業生でした。彼ら彼女たちとの出会いは、私の中にまだ残っていた「大学のランク付け」にとどめをさすものになりました。卒業していくときの学生の笑顔。「この大学に来てよかった」と誰もが感じているようにみえました。「大学のランク」が大学の価値なんかじゃない。「ここが最高の学び場」であることが一番だということを教えてくれた出会いでした。

しかし、この学生の「満足度」の高さは私の感じでしかありません。学生は、私が感じたようにこの大学での生活に本当に満足しているのでしょうか。それを確かめたいと思いました。

２　「学び場アンケート」

大学教員2年目の前期に、子ども発達学科の4回生と1回生を対象に「学び場アンケート」を実施しました。

結果は、

①この大学に来てよかったか

	4回生	1回生
よかった	43%	52%
まあよかった	51%	44%
まあ悪かった	6%	2%
悪かった	2%	

これは、意外な結果でした。4回生が、大学での学びに対する満足度が高いことは、1年間の学生との学びの中で感じていました。社会科の授業での「あなたの一番大切なものは何ですか」という問いに対して、「友達」と答えた人数が多かったこと。その理由を聞いていても、相当満足度が高いことが予想できました。結果は、94%が「よかった」「まあよかった」。予想以上でした。

1回生は、どうでしょうか。入学して3カ月。まだ、満足度は低いだろうと予測していました。

ところが、結果を見てびっくり。「よかった」「まあよかった」が96％。4回生をも上回っていたのです。

これは、どういうことでしょう。大学の実施した新入生アンケートで、謎がとけました。

大半の学生が、先生になりたい夢を実現するために、ここに来たのでした。オープンキャンパスに足を運び、自分の目で確かめ、感じ、ここを自分の「学び場」として選んで来ていたのです。入学から3カ月後、やっぱり「ここに来てよかった！」と感じているのでした。

②この大学のよさは、何ですか

	4回生	1回生
友達	91％	90％
先生	42％	33％
部活	17％	45％
授業	11％	24％
キャンパス	9％	8％
その他	22％	0％

学生の「友達」に対する満足度は、突出しています。先生の評価が4回生で高いのも非常にうれしい結果でした。部活を上回るのだからすごいです。4回生になると「その他」も増え「よさ」を多様に感じるようにもなっているようでした。

4回生の「ひとこと」からいくつかを紹介します。

○ 本当に大切な友達、仲良くなれてよかった友達。発見・喜びを教えてくれる先生に出会え本当によかった。特に友達は一生の宝☆そして、これだけの免許を大事にしたい。

○ 学年を超えて仲良くできたり、色々なことを教えてくれたりと、小さい大学ならではのよいことがたくさんある。

○ 先生になりたいという夢をかなえさせてくれるところ。積極的な性格になったところ。

○ フリーなところ。多くの免許を取得できたところ。同じ将来を目指している人達に出会えたこと。

○ たくさんのことを得られたこと。自分の器が大きくなったところ。

○先生が意外と学生一人一人を心配してくれている。いろんな県の友達ができた。
○楽しいです。なにしても楽しいです。でも、どう楽しめるかは自分次第だと思います。
○良かったというか、自分でよくしました。
○自然が多い。緑が多い。

3　学生満足度の高い大学・学科にするために

学生満足度を高めるためには、アンケートの「まあよかった」を「よかった」に変えていかなくてはなりません。そのために必要なことは何でしょう。

いくら、友達がたくさんできても、先生との関係がよくても、学生を教育してきちんと育てることなしに「満足度」は得られません。学生の「学ぶ意欲がない」ということを口にする人がいますが、それを高めるのが教育ではないでしょうか。学生に「学ぶ意欲がない」のではなく、「学ぶに値するもの」に出会っていないのです。「切実な学びの要求」が生まれていないということです。

学生の「学ぶ意欲」をどう引き出せばいいのでしょう。そのカギは、分かる喜びと学ぶ面白さのある授業。「世界が違って見える」「常識がくつがえされる」面白い授業。「学ぶに値するもの」と出会える授業。楽しくて新たな人間関係が生まれ、新たな自分に出会える授業。それが求められているのです。

ここを「最高の学び場」にしたい。「知名度」や「偏差値」なんかじゃ決まらない「人間力」を育てる大学にしたい。そこで、自分の「よさ」に気づき、保育者・教員への夢を育む。そんな大学をめざして学生と共にすすんでいきたい。

三　学生とともに「最高の学び場」をつくりたい
「相愛ビオトープとあそびの里山」づくり

1　豊かな自然を生かした大学の学びの環境づくり

大阪市の咲州人工島にある南港キャンパス。移転後

30年以上が経過して木々も大きく成長し、学生が大学の魅力として「自然が多い」「緑が多い」というほどになっています。春のつくしやスカンポなど季節ごとの草花豊かで、虫や野鳥もたくさんいます。

ところが、学生の中には「キャンパスに虫がいるのが嫌」という者が少なくありません。理科の授業で蝶の幼虫（いも虫や毛虫）の観察をした時も、少なくない学生が、幼虫の姿を見ただけで、悲鳴を上げて逃げ出しました。触ることのできない者は男女を問わず半数近くいました。

生き物は子どもにとって最も興味をひく対象です。子ども時代の「自然のもつ教育力」は大きく、保育者や教員には、子どもの興味関心や感動疑問に共感できる豊かな感性が求められます。大学に〝自然に対する感性〟と〝自然体験活動・飼育栽培に関する資質能力〟を育成する（自然を「みる目」を養う）しかけ作りをしたい。そう考えるようになりました。

自然と人（子ども）とのかかわりには、「里山」的な人工物（田畑や池などの人間の生産活動とつながった山＝手入れされた自然）が必要です。大学教員1年目の年度末に「相愛ビオトープとあそびの里山」構想を提案しました。学科の先生達も同じような問題意識を持っていて、2月には資材の購入（畑や池の造成用の鍬、スコップ、土、肥料など）が認められました。4月には、「ため池」の予算もついて、「ビオトープ」構想は実現に向けて動き出したのです。

2　「相愛ビオトープあそびの里山」づくりの取り組みスタート

場所は、厚生棟の隣の東屋（喫煙所）横と決めていました。学生の生活の傍らにあることで、日常的に自然と関われることが第一の理由です。日照条件も悪くないし、奥が林で両隣には盛り土の山がありました。喫煙はやがて禁止されるでしょうから、東屋は格好の休憩所、観察・展示スペースになります。

新年度から、学生と盛り土の山の開墾を始めました。廃土の山は長年放置されていて、木や草が根を張り、石がごろごろ出てきました。スコップも鍬も弾き返されて、学生たちも悪戦苦闘。耕すどころか、数メートルの溝を作るのが精いっぱいでした。そこに市販の「花の土」を入れて、ジャガイモを植えました。しかし、ジャガイモ畑は、「光合成」の実験に使用された後、雑草や切り株から芽生えた樹木に覆われてしまいました。雑草の成長のすさまじさにあえなく初年度の畑は埋没してしまったのです。

池の予定地には、プランターを並べ、モンシロチョウ用のキャベツをビニールトンネルで栽培しました。

そして、本体の「ビオトープ」をどんなものにするか。学生と共に調査を開始しました。インターネット検索で「全国学校・園庭ビオトープコンクール」の存在を発見したのは学生でした。この大学に合った「ビオトープ」はどんなものか。これまでの受賞校から関西圏の学校を選び調査することにしました。「文部科学大臣賞」2校、環境大臣賞1校が兵庫・大阪にありました。まず、受賞校のホームページを調査しました。全国の受賞校からも参考になるところを探しました。ビオトープの構造やどう作ったかだけでなく、教育目的や活動も紹介されていて、ビオトープの持つ教育力と活動の多様さを再認識させられました。近隣3校に実地調査に行きました。学生の教育実習やボランティア先の小学校のビオトープも調査対象にしました。

見学を申し込んでも、断られたケースもありました。教育実習の指導で訪問した学校では、荒れて放置されたビオトープも見ました。作った後の維持管理と教育活動の継続の難しさを感じました。

3　「ため池型ビオトープ」が合っていると判断、着工へ

調査の結果、「ため池型ビオトープ」にすることにしました。

循環式は、ポンプの故障で機能不全になり放置されやすいし、維持管理費も高くつきます。それに対して、ため池式の優れている点は、

①里山環境と同じ条件であること。

②水質浄化は、水生の植物や水辺の植物、生き物など、自然環境と同じ条件で追求できること。

③最初はうまくいかなくても、どう浄化するかも含めて研究・学習課題にできること。

④構造が簡単で、工期が短く工事費も安くつくこ

と。

という4点があげられました。

「相愛ビオトープ」は、横の2つの盛り土、「あそびの里山」と「山の畑」と大学キャンパスの北半分の外周にある林（「相愛の森」）と一体のものとして構想しました。

学生たちの「ため池」デザインから、工事費や維持管理のしやすさを考慮して八角形のため池に決定して、業者の見積りを取りました。その後、大学の特別予算も付き、周辺整備で「田んぼ」と「かまど」も増設することができました。

これで、田んぼでの米作りとともに、どろんこあそびや田んぼの土と生き物の観察もできます。かまどで飯盒炊さんや焼き芋、調理体験もできて、教育活動の可能性が大幅に広がりました。隣接する山の畑で芋や野菜栽培をして、果物の木も植えると、そこは「里山環境」。栽培活動だけでなく、虫とりの環境としても絶好の場所になります。

問題は、維持管理をどうするかです。学習環境だから、その主体は学生でなくてはなりません。学生の「サポーター」（水質管理、生き物の世話、畑の作物管理など）を公募することにしました。学生だけでは行き届かないところは、咲洲地域の住民の方の力（世代間交流、地域連携）や専門家集団の力を借りることも将来構想として考えました。

4　ビオトープ完成、教育活動に新しい展開

桜の花が満開になるころ、「田んぼとため池ゾーン」が完成しました。

授業で「相愛の森自然探検」を始めて、アケビの森を発見しました。落ち葉を踏んだときのふかふか感と枯れ枝の折れる音に感動する学生たち。どんぐりの芽生え、セミの抜け殻、グミの林……。改めて大学の自然の豊かさに気づきました。回を重ねるごとに、自然を見る目や感受性が豊かになり認識も深まっていきました。毛虫の観察で悲鳴を上げていた学生は、さまざまな虫に目をやり、足裏で常緑樹の落葉を感じるほど、感性が研ぎ澄まされてきました。保育や教育の場に立つ自分を想像して、自然への関心と感受性を高めている学生たちの姿。

いくら自然環境に恵まれていても、意識的な取り組みがなければ、「関心」もゆたかな「自然体験」も生まれません。学生が身近に自然を感じ体験できる「しかけ」とそれを活用した授業をどう作り出していくか。それが大事だということを改めて感じた取り組みでした。

スカンポの試食、「タンポポのヒミツ」「自然発見」写真展、毛虫の観察、植物の生き残り競争、……たくさんの学習材を提供してくれる「相愛ビオトープ」です。

昨年度、雑草の繁茂に惨敗した「子ども山の畑ゾーン」の開墾にも再挑戦することにしました。昨年の溝があるので、予想以上に開墾ははかどりました。学生たちは、ツルハシで石も木の根っこも蹴散らし、山の半分を耕しました。「花の土」だけでなく「牛糞」を入れました。ジャガイモ、トマトを植え、実習訪問先の沖縄から持ち帰ったサトウキビも植えました。プランターには、モンシロチョウ用のキャベツ、紫キャベツ、ブロッコリー。キアゲハ幼虫用にパセリとニンジンも植えました。ツマグロヒョウモンのためにスミレやパンジーを植え、アゲハにはスダチの木。アカタテハやオオムラサキに必要なカラムシや榎は、キャンパスに自生しています。大学キャンパスにチョウを呼ぶ仕掛けもできてきました。

畑の開墾とサツマイモの苗植えに参加した学生を中心に、「ビオトープ学生サポーター」の登録を行いました。3回生と4回生20名余りが、田畑の耕作、植え付け、作物の水遣りなどの栽培活動に参加するようになりました。作物は、授業での観察に使用しました。畑のジャガイモやナス、ニンジンさえ見分けられない都会育ちの学生たちです。収穫物をサポーターで調理して食べたり、先生達や実習指導室に来た学生に試食してもらったりしました。少しずつ学生の関心が高まり、サポーターの輪も広がってきました。

池に水を張り、水質浄化のために葦や花ショウブなどの水辺の植物をプランターに植えて沈めました。メダカやおたまじゃくし、ドジョウなどを放流しました。メダカは次々に卵を産み、池はちょっとバケツに水を汲んでも稚魚が入るほど、メダカの稚魚でいっぱいになりました。トンボやアメンボは、どこからか飛んできて産卵をしていき、ヤゴやアメンボの赤ちゃんがたくさん見られるようになりました。あっという間にコンクリートの池が生き物であふれ、ビオトープになりました。

5　どろんこ遊びから「田植え体験」へ

田んぼは、土入れが難問でした。宅地開発をする田んぼの土を手配してもらえばいいと軽く考えていたのですが、入手が難しかったらしく、最初に入れてくれた土は、砂のようなもので小石もたくさん混入していました。小石を除去して粘土を追加するようにお願いすると、搬入してくれたのは、焼き物が出来そうな粘土でした。

砂と粘土を混ぜて、牛糞を入れてまた混ぜて、田んぼの土には程遠いけれど、何とか稲の育つ土ができないかと学生サポーターに奮闘してもらいました。

パレットに種籾を撒いて、田んぼを苗代にしました。鳥に食べられないように、洗濯ネットで包んでいたら、周りが発芽しただけで種籾が腐ったりもしました。

本物の田んぼの土と稲の切り株を入れておいたら、水を張った田んぼにカブトエビとホウネンエビが発生しました。田んぼの多様な生態系誕生の第一歩です。鳥たちの水飲み場、餌場にもなっていました。

学生のデザインした手作り看板が3本設置されました。（「田んぼとため池ゾーン」「山の畑ゾーン」「遊びの里山ゾーン」）

田んぼに水を張ったら、学生のどろんこ体験です。田んぼの土の感触を体験してもらうのと、足で土を混ぜてもらうのが目的です。しかし、裸足での「どろんこ体験」に、にごったどろ水を見て3分の1の学生が見学を申し出ました。

7月4日、いよいよ近隣の保育園児との「田植え体験」交流の日です。園児55人が大学にやって来ました。学生達は、園児と対面しただけで笑顔いっぱい。保育園児との「どろんこ体験」や「田植え」では、園児をリードして、全員が率先して田んぼに入っていきました。「子どもが好き」が、体中からあふれるのを見てうらやましくなりました。私は、教職に就いたころ人目を気にして感情を抑えてしまい、これほど素直に自分の気持ちを表現できませんでした。人目を気にするのは、「受験勉強（点とり競争）後遺症」。その克服には、先生になってからの努力が必要でした。その努力をしなくて済む。これがこの学生たちの一番の力だし、魅力だと改めて感じました。

学生1人に2人の園児でこの日の活動をします。他に運営スタッフの学生が、田植え指導や準備と補助、足洗い場などで活動します。

保育園児との「田植え体験」は、人数が多いので3つのコーナーを準備しました。ローテーションで、相愛ビオトープの自然を活用したあそびを多様に体験してもらいます。①田植えの前に「どろんこ遊び」で田んぼでの土の感触を楽しみます。②ため池の「メダカすくい」に挑戦して、園や家庭で飼育してもらいます。③田んぼ用粘土の余りを使った「粘土あそび」で造形活動を楽しみます。3つを体験し終えたら「田植え体験」です。「相愛子ども田んぼとため池ゾーン」を保育園児たちに満喫してもらいます。

会場の雰囲気づくりも大事です。「相愛田んぼ・田植え体験」の横断幕に3コーナーの幟も準備しました。メダカすくい用の網をそろえ、バケツは学生がペットボトルを切って手作りしました。学生たちは山の畑に置いた粘土を集め、粘土板を図工室から借りて運びました。ビニールシートで足洗い場づくりをしました。大学は、泥んこになった園児のために温水シャワーも使えるようにしてくれました。

6　稲がたいへん！

稲の生育が思ったよりもよくありません。粘土と砂と牛糞を混ぜた田んぼの土に問題があるのでしょうか？　田んぼの土に手を入れてびっくりしました。水の下の土と思っていたところは、ふわふわの粘土浮遊層。溜まり水と土がかきまぜられて粘土が浮遊しているので、しっかり根っこを張れてないようでした。普通の田んぼなら、余計な粘土は泥水になって排水されていくのだろうけれど、コンクリートで囲まれた溜まり水の田んぼ。思わぬ難問が出てきました。しかし、どうしようもありません。稲の生育力を信じることにしました。

8月になると、稲が青々としてきました。田んぼには、メダカがいっぱい泳いでいます。「メダカすくい」で園児が持ち帰らなかったメダカを放流したら、また田んぼでも大繁殖したのです。天敵のいない田んぼにいつの間にかヤゴが生まれ、羽化するようにもなりました。トンボの産卵から羽化までの期間が、こんなに短いとは思わなかったのでびっくりしました。生まれて間もない「相愛田んぼ」も、いつのまにか生命が満ちてきました。

お盆が明けて、久しぶりに田んぼを見て驚きました。稲の葉が食い荒らされているのです。よく見ると葉っぱが糸で綴じられて、筒状になっています。もうすべての稲の株が何者かに食い荒らされ、筒状の葉の塊ができていました。めくってみると、中から3センチほどもある虫が出てきました。

こいつは何者だ！　気になったけれど、正体を突き止めることより駆除が先決です。丸まった葉を次々押しつぶしていきました。何十匹の幼虫を殺したでしょう。指先に伝わるぷにゅぷにゅした感触に心が痛みました。蛹になりそうなものもいて、白い粉のような蚕室を潰すと黄色っぽい体液がでてきました。この虫の正体は？……後で調べてみると「イネツトムシ」。イチモンジセセリの幼虫でした。蛾のような三角羽だけど、れっきとしたチョウです。しかし、いくら蝶好きでも、稲の害虫を飼うわけにはいきません。

ツトムシ騒動もようやく沈静化しましたが、被害は甚大でした。ため池の古代米は、二種類が食い尽くされ、軸だけになってしまいました。田んぼの方も、駆除の手が届かなかった真ん中の株の中には、ほとんど葉の残っていないものがありました。しかし、他はなんとか勢いを取り戻していきました。安心したのもつかの間。また「先生、イチモンジセセリが、田んぼで卵を産んでいましたよ」との報告がきました。油断もすきもありません。まだまだ、気を許せないイチモンジセセリとの闘いです。

8月末、温帯低気圧接近。強風で稲が傾きました。やっぱり土が軟弱で、根がしっかり張れていないのか。でも、稲に自分でふんばってもらうしかありません。

稔りと収穫の日まで、まだまだドラマが続きそうです。

おわりに

1　なぜ、今ビオトープか

ビオトープを造ることと「最高の学び場」に何の関係があるのかと、問われそうですが、キーワードは「つなぐこと」です。

今の日本社会の風潮をみていると、殺伐としたものを感じることが少なくありません。他国への敵対心を煽るばかりか、国内でも「バッシング」「炎上」がよく話題になっています。ターゲットは、少数者や弱者です。「失敗」を許さない。「ミス」をすると袋叩きにする。自分と違う考え方や感じ方への攻撃性。その背景にあるものは何でしょうか。学力テストの点数競争にも、ゼロトレランス（寛容ゼロ）の生徒指導にも、モンスターペアレントや虐待報道にも、人と人の関係を切り裂く悪意を感じます。

人が、他者に攻撃的になるのは、どういうときでしょうか。子どもたちとの関わりの中で私が感じてきたことは、「幸せな子は、他人を攻撃しない」ということです。周りとの関係が切り裂かれているとき、自分が満たされていないとき、孤独で傷ついた心は攻撃的になります。不安、不満、不幸、劣等感、……格差社会や競争教育、多忙と貧困など、現代社会の抱える問題が、人々を引き裂きます。孤立感・孤独感を深めると、人は「寛容さ」を失なうのです。悪意ある煽情はその心の隙間に入り込んできます。

私たちが里山的ビオトープを通して作り出そうとしてきたことは「つながり」です。生産活動を通しての、自然（作物）とのつながり。子どもや仲間とのつながり。自然のなかで五感を働かせ、体を動かし、共同作業する「つながり」、それが人を心ゆたかにしてくれます。

また、自然とのかかわりは、人に「寛容」を求めます。栽培も飼育も「思い通りにならない他者」としての自然への理解と援助が求められます。自己本位は許されません。作物や生き物への愛情が何よりも大切です。愛情をかけて育てた作物や生き物が与えてくれる喜びや満足感。子どもはこうした自然・生き物や仲間とのかかわりを通して命にふれ、自己中心性を乗り越えていくのです。

学生が、人と自然と豊かにふれあい、自然への感性を育む「最高の学び場」、それが相愛ビオトープ、学びの里山です。

2　学校は、楽しいところ「最高の学び場」でなくては

今、日本の学校は、小学校でも、中学・高校でも、大学や保育所・幼稚園でも、子ども・青年にとって最も楽しいところ「最高の学び場」になっているでしょうか。

学校は、何よりも楽しいところであってほしい。子どもたちの笑顔が輝くところであってほしい。楽しく過ごせるところは、楽しく学べるところです。楽しく学んだ子どもは、学ぶことが大好きで、一生学び続ける人になります。幸せに生きるためにも、世の中をよくしていくためにも、人は学び続けなければなりません。

相愛大学の学生は、「ここに来てよかった」「大学が楽しい」といいます。しかし、ふと学生の笑顔の後ろにあるものが見えてくることがあります。半数以上の

学生が奨学金を受けていて、卒業後は返済を迫られることになるのです。「授業料が滞納される」「徹夜のバイト」……お金の苦労は、家の経済状況や家族の問題とつながっています。小・中・高の学校生活でも、先生や友達との関係で苦労してきた学生の多いことにも驚きます。人間への信頼や自尊感情を傷つけられてきた学生たちも、人の支えの大切さを感じて、子どもに関わる仕事を選んだのでしょうか。

この学生たちと共に、ここを「最高の学び場」にしたい。小学校でも、大学でもキーワードは『つなぐこと』です。卒業式の日に私は学生たちと一緒に「相愛大学サイコー」と叫びました。卒業生代表の「他の大学にはない、小さな大学なればこその、穏やかで温かいこの大学が好きでした」という言葉に感動しながら、もう一言付け加えたい衝動に駆られました。それは「仲間とともに学び、新しい自分に出会うことが出来た、最高の学び場」ということです。私にとっても、大学は「最高の学び場」でした。ここをこれからも「最高の学び場」にするために、学生と共に学び、新しい自分との出会いを求めていきたい。

出版にあたって

「大学講師の会」代表　森川　紘一

２０１４年の「成人の日」の「天声人語」は、「冬の風物詩の駅伝とはまるで違うけれど、有史以来のたすきリレーが人の世にある。『いまどきの若い者は……』という無限連鎖だ」で始まり「……先行世代の繰り言は世の常として、進んで社会とかかわり、自分たちで時代をつくる大人になってほしい……」と結んでいます。私たちも「自分たちで時代をつくる〝教師〟になってほしい」と願っています。

本書は、小学校、中学校で勤務経験のある教師が、大学の講師として展開した授業・教育実践を収めたものです。

私たち「大学講師の会」は、小学校、中学校、高校で教育実践を積み上げてきて、退職後、大学の講師として、教職課程関連の授業を担当している者の集まりです。２００８年から準備会を経て立ち上げ、現在に至っています。不勉強な私の知る限り、このような「会」は、どこにもないのではないかと思います。もし、活動している会があるようでしたらご連絡ください。活動を交流し合いましょう。

原則として、毎月報告者を決めて、自分の大学での授業・教育実践・学生とのかかわりなどを報告して、討論し合っています。小学校教員時代の、サークルの例会や、各種の自主的な研究会のようなものです。

自画自賛になりますが、メンバーの報告は、小・中学校教員時代の実践スタイルを大学教育にも活かして、学生たちのやる気を引き出しています。また、例会での討論を通じてお互いに学び合い、深め合えるので、参加者は充実した気持ちになり、授業への新たなエネルギーを生み出すことができています。

「大学講師の会」が当初から大切にしてきたことは、次の二つです。

1、今の青年・学生をどうとらえるかを問い続けながら、子どもにとって魅力的な〝明日の教師〟の誕生を支援することを目指す。

2、小学校・中学校・高校の実践経験者としてその実績を、大学教育の現場でどう活かせるかを検討し合う。

「会」がスタートして3年が過ぎようとしたころから「我々だけで報告し合って終わるのではなく、書物にまとめて出版しよう」という提案にもとづき、2013年5月以降、例会とは別に14回の編集会議（執筆者会議）を開いて構想を吟味し合い、ついに出版にこぎつけることができました。今回の執筆者は、「会」のメンバーの中の有志7人です。

出版するにあたって、執筆者で確認し合ったことは次の諸点です。

1、教職を目指す学生たちの可能性に着目し、エールを送る視点を大切にする。

2、学生たちの純粋で積極的な教職への想いを伝えることで、現場の教師と父母に希望と励ましを運ぶことを目指す。

3、我々は、教職を目指す学生が〝教員〟になる直前に出会う〝教員〟である。この自覚を持って学校現場での実践経験を教職教育に活かすことを試みてきた。それを出版することで、大学における教職教育に何らかの貢献ができることを願う。

4、本書の読者からご意見をいただき、「大学講師の会」をさらに充実・発展させることを目指す。

以上を確認したうえで、執筆者のオリジナリティーを大切にし、個性的な教育実践を論じ合ってきました。

大学講師という立場での出版は、私たちの誰もが経験のないことですので、不十分な点が多々あると思いますが、私たちと同じ立場の方々や教職教育にかかわる大学関係者、小学校・中学校・高校の先生方、その他学生・青年に関心をお持ちの方々に読んでいただきたいと願っています。

出版にあたってはせせらぎ出版の山崎亮一社長、原知子さん、何度も原稿を読んでいただき、編集についても丁寧なアドバイスや序文を書いてくださった立命館大学の春日井敏之教授のご尽力に感謝いたします。また、例会・編集会議の会場を提供していただいた大阪教育文化センターにもお礼申し上げます。

2014年6月

●この本を読んでくださった読者の皆さまからのご意見、ご感想をお待ちしています。
（はさみ込みの愛読者カード、または郵便・ファックスでせせらぎ出版まで）

●執筆者プロフィール一覧

監修

春日井敏之（かすがい　としゆき）

立命館大学文学部、大学院応用人間科学研究科教授。

1953年岐阜県恵那郡（現在恵那市）に生まれる。

立命館大学法学部卒業、大阪教育大学大学院教育学研究科修士課程修了。

京都府内の公立中学校に20年余り勤務。生徒指導、教育相談等を長く担当する。

2001年より立命館大学文学部教育人間学専攻へ。専門は、臨床教育学、教育相談論。

1990年代より、地域における不登校への支援に参画し、現在「登校拒否・不登校問題全国連絡会」の世話人等をつとめる。学校現場の教職員等とのケース・カンファレンス（事例検討会）も長年継続している。

主著は、『出会いなおしの教育―不登校をともに生きる』（共編）、『思春期のゆらぎと不登校支援』（以上ミネルヴァ書房）、『やってみよう！ピア・サポート』（共編、ほんの森出版）、『希望としての教育』（三学出版）など多数。

執筆（掲載順）

土佐いく子（とさ　いくこ）

1948年徳島県藍住町に生まれる。

2008年3月大阪市小学校教諭定年退職。

2008年4月～現在、和歌山大学非常勤講師、大阪大学非常勤講師。

著書に『マジョリン先生の学級作りたねあかし』（フォーラム・A）『子どもたちに表現の喜びと生きる希望を』（日本機関紙出版センター）『子育てがおもしろくなる話』①②（日本機関紙出版センター）等、共著多数。

なにわ作文の会代表、日本作文の会会員、臨床教育学会会員。

趣味は書、墨彩画、生け花、温泉と旅など。なんでも見たいやってみたいと好奇心いっぱい。

松村　忠臣（まつむら　ただおみ）

1942年島根県に生まれる。

高知大学教育学部中学校課程・社会科学科卒業。

1965年大阪府寝屋川市立中学校社会科教師。その後、寝屋川市教職員組合・大阪教職員組合・全日本教職員組合役員を歴任。

定年退職後2008年～13年、大阪経済大学人間科学部非常勤講師、2012年から泉州看護學校非常勤講師。

DCI日本運営委員・「子どもと教育・文化を守る大阪府民会議」代表委員・「子どもの発達・権利研究所」共同代表などをつとめる。

森川　紘一（もりかわ　こういち）

1940年大阪に生まれる。4歳で岡山県総社市（旧・吉備郡）新本（旧・新本村字木村）に疎開。

愛媛大学卒業後、大阪府四條畷市、大東市の小学校教諭を31年間。

退職後21年間に龍谷大学、大阪音楽大学、和歌山大学、千代田短期大学、相愛大学、同志社女子大学、大阪総合福祉専門学校で非常勤講師。現在は、立命館大学非常勤講師。

著書に『ゆっくり芽を出せ』（あゆみ出版）『親と子と教師　心の通い道』（新日本出版社）『子ども力をはぐくむ』（クリエイツかもがわ）など。

日本生活教育連盟全国委員、日本臨床教育学会会員、ＮＰＯ「教育相談おおさか」相談員、しゃべり場「みちくさ」主宰、「日本スポーツ吹き矢協会」会員、けん玉、きりえ、書道が趣味。

久志　裕子（ひさし　ゆうこ）

１９５０年松山市に生まれる。

徳島大学教育学部卒業後、１９７３年から２０１１年まで、大阪府公立小学校勤務。定年退職後、相愛大学非常勤講師。現大阪大学非常勤講師。

新任当時、堺市の民主研究団体にて学ぶ。

日本生活教育連盟に所属。

退職後の遊び場は体育館とテニスコート。ネパールトレッキングは３回。高山植物との出会いを求めて毎月歩く山も仲間との交流の場。

金子　光夫（かねこ　みつお）
１９４７年日本国憲法施行の年、高知県に生まれる。
１９７１年愛媛大学農学部農業工学科卒業。
１９７８年大阪市立大学経済学部経済学科卒業。
１９７２年～２００７年大阪府公立中学校勤務（理科）。
大阪大学、奈良教育大学非常勤講師。

主書に『楽しい中学校実践選全書１・２巻』（共著、創学社）『うたごえ響く学級・学校』（清風堂書店）。

全国生活指導研究協議会会員。

小部　修（おべ　おさむ）

大阪外国語大学（現大阪大）中国語科卒。

貿易商社勤務のあと、１９６８～２０００年東大阪市、八尾市の公立中学校（英語）教員。

現在大阪経済大学、同志社大学、関西外国語大学、相愛大学、放送大学非常勤講師。

著書に『輝け中学生』（清風堂出版、日本図書館協会選定）『子育て・教育おもろいぞ』（法政出版、日本図書館協会選定）『これで安心子育て・教育』（フォーラム・Ａ）『教室を共同の場に』『気になる子どもへの呼びかけ』（以上共著、せせらぎ出版）など。

趣味はサックス、尺八、篠笛演奏。

木村　久男（きむら　ひさお）

１９５０年香川県高松市に生まれる。

２０１１年大阪府小学校教員定年退職。

２０１１年～現在、相愛大学人間発達学部子ども発達学科講師。同志社女子大学非常勤講師。

日本生活教育連盟会員、日本保育学会会員。

著書に『子どもが生きる時間と空間』（共著、フォーラム・Ａ）『総合学習で育つ学力』（共著）「子どもが輝く『安心と信頼』の学級・学校を作りたい」（「生活教育」Ｖｏｌ．７３８）

編集委員

森川　紘一（代表）
小部　　修
金子　光夫
久志　裕子

●装丁　仁井谷伴子

明日の教師とともに学ぶ

2014年10月1日　第1刷発行
監　　修　春日井敏之
企　　画　大学講師の会
編集代表　森川紘一
発 行 者　山崎亮一
発 行 所　せせらぎ出版
〒530-0043　大阪市北区天満2-1-19 高島ビル2階
TEL. 06-6357-6916　FAX. 06-6357-9279
http://www.seseragi-s.com　info@seseragi-s.com
印刷・製本　関西共同印刷所

JASRAC 出 1410476-401
 ISBN978-4-88416-231-3